August Rohling

Der Talmudjude

August Rohling

Der Talmudjude

ISBN/EAN: 9783743352391

Hergestellt in Europa, USA, Kanada, Australien, Japan

Cover: Foto ©ninafisch / pixelio.de

Manufactured and distributed by brebook publishing software (www.brebook.com)

August Rohling

Der Talmudjude

Der Talmudjude.

Zur Beherzigung

für

Juden und Christen aller Stände

dargestellt

von

Prof. Dr. Aug. Rohling.

Fünfte Auflage.

Münster.
Adolph Russell's Verlag.
1876.

Vorwort.*)

Gottes- und Menschensatzung, neue Rabbiner, ein Geschäftchen.

Von der Gesammtbevölkerung der Welt sind 53 3/10 Procent Heiden, 30 7/10 Procent Christen, 15 7/10 Procent Muhamedaner und — 3/10 Procent Juden. Gleichwohl sind die Juden die erste Großmacht unter den Völkern, die Könige des Kapitals, die Fürsten des Handels, die Beherrscher der Presse geworden. Les Juifs rois de l'époque heißt daher ein bekanntes Buch über unsere jüdischen Zeitgenossen, und wir wundern uns nicht, daß viele derselben unsere Gegenwart als das messianische Weltalter der alten Verheißungen feiern; aufgegangen in das Irdische, sich nicht vertiefend in die Frage, weshalb sie auf Erden sind, haben sie den Messias der heiligen Bücher mit einer personificirten Idee, deren Inhalt Reichthum und Macht unter den Menschen ist, armselig vertauscht; erfüllt steht vor unsern Augen das mosaische Wort: wenn du nicht hörst auf die Stimme deines Gottes, zu halten seine Gebote, so wird dich der Herr mit Blindheit schlagen, daß du tappest am Mittag wie ein Blinder tappet im Finstern und zerstreuen wird dich der Herr unter alle Völker von einem Ende der Erde bis zum andern (Deut. 28). Wohl mag es mit der Masse Juda's noch lange währen, daß sie die Augen dem Lichte der Wahrheit wieder öffne. Doch überzeugt, daß ohne die Sehnsucht nach dem Lichte ein wahnsinniger Freund der Finsterniß nie dem Lichte sich nahen wird; und überzeugt, daß, wer sich der Schrecken

---
*) Zur vierten Auflage.

der Finsterniß, worin er lebt, mit Klarheit bewußt wird, den Stachel des Gewissens fühlen und die stille Sehnsucht der Seele nach Befreiung trotz aller Versuche, ruhig zu sein oder es zu scheinen, vor sich selbst nicht verbergen kann; überzeugt, daß die Wahrnehmung des Todes das Verlangen, zu leben, mächtig erregt: will ich abermals die Stimme erheben und Juda auf's Neue die Verirrungen zu Gemüthe führen, denen es seit 18 Jahrhunderten verfallen ist; was drei Mal gesagt ist, soll zum vierten Mal gesagt werden, damit es Ferne wie Nahe hören und aufgestört in ihrem Innern das verachten lernen, was sie fern hält von der Wahrheit, von der Kirche des Erlösers. Denn in der That, so ist es; der Pharisäismus, wie er im Talmudismus vorliegt, die Verhöhnung des Heiligen und vor allem die verderbte Moral, die dort unverhüllt zu Tage tritt, sie allein ist das eigentliche Hinderniß für die Bekehrung der Juden. Denn die Wahrheit überhaupt und besonders die positiv von Gott offenbarte Wahrheit ist so zarter Natur, daß sie nur jene anspricht und nur bei jenen segnend und beglückend sich niederläßt, die allem entsagen, was sie in sittlicher Hinsicht als Lüge, Heuchelei und Unrecht irgendwelcher Art erkennen. Es genügt, dies nur zu sagen, um jene, welche es trifft, auch wenn sie im Schweigen verharren oder polternd über Fanatismus schreien, in ihrem Herzen verwundet zu haben. Denn wie eine Art eingeborner Erkenntniß lebt in jedes Menschen Brust die Ueberzeugnng, daß man den Ruf des Gewissens, die Zweifel der Seele, die Warnungen der innern Stimme nicht ungestraft überhören, daß man sie nicht verachten kann, ohne sich von Gott und dem Göttlichen zu entfernen; ein Ausdruck dieser Ueberzeugung ist das Irrende, das Unheimliche, das Wilde des Blickes, das Widerliche eines spionirenden, tappenden, fragenden, falschen Wesens, das Rohe einer brutalen Haltung gegen Gradgesinnte und Freunde der Wahrheit, welches man so oft bei jenen wahrnimmt, die erwiesenermaßen eine bessere Erkenntniß, sei es um den Lüsten des Hochmuthes oder des Bac=

chus und der Venus oder des Goldes ein Opfer zu bringen, mit Füßen treten. Dieser Punkt entscheidet die Geschicke der Welt, er entscheidet die Geschicke des Juden. Was Christus den Pharisäern zurief, gilt noch heute von deren Kindern, den Talmudjuden: „Warum übertretet ihr Gottes Gebot um die Ueberlieferungen der Menschen zu halten" (Mt. 15, vgl. Mk. 7)? Die Antwort auf diese vorwurfsvolle Frage lag zu nahe, als daß sie Christus zu erörtern brauchte; die pharisäischen Grundsätze des Talmudismus in der Hand eines verschlagenen Geistes sind ein wirksames Mittel, weltliche Größe, Macht und Reichthum zu gewinnen. Man höre also auf, die Reize der Gegenwart, die Interessen der rasch verfliegenden Zeit unter dem Deckmantel schöner Phrasen oder in nackter Gestalt als sein höchstes Gut zu preisen, und man wird aufhören, die Werke Gottes zu lästern; man höre auf, aus Liebe zum Irdischen das Sittengesetz zu verletzen, und man wird nicht nöthig haben, mit schlechten Gründen eine unsaubere Lehre als reine Humanität zu loben. Wie Mose den Fluch auf euch legte, daß ihr unter die Völker zerstreut Schmach tragen und ein Sprichwort des Spottes in ihrer Mitte werden solltet wegen der Uebertretung seiner Gebote, so ist folgerichtig die Rückkehr zu diesen Geboten, mit andern Worten die aufrichtige Preisgebung des talmudischen Pharisäismus, das einzige Mittel zur Wendung des auf euch lastenden Fluches, die einzige Führerin, daß ihr „schauet auf den, welchen ihr durchbohrtet", euren Retter. In Erwägung dieser Umstände glaube ich wahrMenschenliebe gegen euch, die leiblichen Kinder vom Hause Abrahams, zu üben, wenn ich nach wie vor die unbemäntelte volle Wahrheit des traurig verirrten Rabbinismus mit seiner Lehre über die Erlaubtheit von Lüge, Betrug, Mord und Ehebruch gegen Nichtjuden an den Pranger stelle; und es gereicht mir zu besonderer Genugthuung, daß neben zahlreichen privaten und öffentlichen Zustimmungen, z. B. der ‚Kreuzzeitung' und anderer Berliner, des ‚Vaterland' und anderer Wiener Blätter, des Bayrischen ‚Brüderboten', der polnischen ‚Tygodnik Katolicki', des ‚Linzer Volksblattes', der ‚Schlesischen Volkszeitung', des ‚Mainzer Abendblattes', der ‚Deutschen Reichszeitung', der ‚Köln. Volkszeitung', des ‚Bamberger Pastoralblattes', des ‚Starkenburger Boten', der ‚Wiener Literaturzeitung' u. s. w. u. s. w. vornehmlich ein Mann, der im Schooß des Rabbinismus geboren, in den Schriften seiner Weisen großgezogen, dann selbst ein Meister in Israel war, meine Worte eben ihrer ungeschminkten Wahrheitsliebe wegen der Beachtung seiner alten jüdischen Glaubensgenossen empfehlen zu müssen glaubte. Herr Dr. Ephraim Epstein in Cincinnati gab mir nämlich d. d. 3. Oct. v. J. das folgende bemerkenswerthe Bekenntniß: „Erlauben Sie mir, Ihnen meinen aufrichtigsten Dank für den ‚Talmudjuden' darzubringen. Durch Gottes Gnade aus dem Schlamm des Talmudismus und des hoffährtigen modernen Unglaubens gerettet, kann mir Ihr ‚Talmudjude' mit seiner unreservirt ausgesprochenen Wahrheitsliebe nur lieb und willkommen sein. Innig darf man wahrlich für die Beherzigung Ihrer Broschüre den Herrn auf den Knieen bitten u. s. w." Diese öffentlichen Stimmen, der rasche Absatz drei starker Auflagen, die Uebersetzung des ‚Talmudjuden' ins Englische, Französische und Ungarische, diese u. a. Umstände zeugen zugleich in hervorstechender Weise, wie sehr die öffentliche Meinung die jüdische Frage zum Gegenstand ihrer Aufmerksamkeit gemacht hat; sie sind ein eclatanter Beweis, daß sich die Welt bewußt ist, ein Tag sei im Anzug, wo das hoch sich bäumende semitische Roß zu Boden geworfen, wo die Preßlümmelei und der Geldschwindel im morgenländischen Kaftan zur Abrechnung herangezogen werden und der lange angesammelte Zündstoff Feuer fangen muß. Juda möge erwägen, da es vielleicht noch Zeit ist, was ihm blüht; noch hat es Macht, noch steht es unter dem Schutz des Liberalismus gewappnet auf dem Markt und spielt den Großen. Aber es wird nicht also bleiben, seine Stützen werden sinken und man wird nicht säumen, auf geraume Zeit mal wieder aufzuräumen mit diesem Fremdling, der in blinder Wuth gegen sich selbst den Haß der Nationen schürt. Wer die Lage der Dinge versteht, sieht ein, daß der Pöbel kommen wird, über diesen großen Feind der Gesellschaft ein blutiges Gericht zu halten. Die Religion Christi schickt dann vergeblich ihre Diener aus, jene Horden zu beschwichtigen; wir werden predigen wie heute auch in den schlimmen Tagen Juda's, daß man die Menge der an uns verübten Frevel durch Liebe und Verzeihung erwiedere, daß man einem Juden kein Haar krümmen solle. Aber wird man uns hören? Wird jenes Banditencorps, das jüdische Federn selbst erzogen, wird jene Meute, die von Israel zum sehr großen Theil direct oder indirect um Sittlichkeit und Glauben gebracht, sich noch kümmern um das Gesetz der Feindesliebe?

Es kommt mir nicht bei, zu denken, daß in der Masse Juda's Niemand mehr sei, der die Regungen eines guten Geistes achte; daß Alle ohne Ausnahme gegen offenbares besseres Wissen Recht und Wahrheit in Worten oder Thaten schmähen und das Glück der Völker durch satanische Hingabe an den Talmudismus, vorzüglich den sittlichen, ruiniren. Nein, Manche gibt es, welche nicht bloß die Albernheiten des Talmud, sondern unbewußt von den reinen Grundsätzen des Christenthums beeinflußt auch in manchen Stücken die Sittenlehre desselben verabscheuen; sie sprechen von Nächstenliebe und üben sie auch vielfach. Aber nicht bedenkend, weshalb sie eigentlich auf dieser Welt sind, halten sie nicht wenige Lehren des Talmudismus aus allerlei Rücksichten des irdischen Lebens und vermeintlichen Vernunftgesetzen zu Liebe aufrecht; die Ungeheuerlichkeiten der pharisäischen Lehre verschmähen sie, aber sie hängen an dem, was die corrumpirte sogenannte öffentliche Meinung mit dem Charakter eines sogenannten ehrenwerthen Mannes, der Anstand und sogenannte Sitte hat, vereinbar hält; und doch empfangen sie hierdurch zahlreiche Wunden des sittlichen Lebens, welche schon manchem gebornen Christen das Gut ihres Glaubens wieder nahmen, und die dem Juden die Gnade dieses Glaubens mit dem unaussprech=

lichen Seelenfrieden, den er verleiht, verschließen. Die Gebildeten unter ihnen werfen sich nicht selten der schönen Literatur oder Philosophie in die Arme; doch weil sie den Herolden des modernen Heidenthums in die Hände fallen, finden sie nur eine Nahrung für den niedern Menschen, die den Geist darben läßt und ihm jene Schwermuth und Melancholie einflößt, die man so oft schon in jüngerem Alter bei ihnen wahrnimmt. Alle diese thuen wohl, das ganze System talmudischer und heidnischer Moral aufmerksam zu betrachten und sich klar zu machen, daß diese ganze Bosheit nicht auf einmal, sondern allmälig und zwar auf eben jenem Wege zum Dasein gelangte, auf welchem sie sich befinden. Denn geht der Zweck unseres Lebens nicht, wie das Christenthum lehrt, einzig auf Gott und Gottes Verherrlichung, so ruht er in uns, in unserm Vortheil, in unserer Ehre, in unserm Wohlsein, und es ist nicht abzusehen, warum man nicht Gott sammt der Ewigkeit seiner Höllenstrafen einfach leugnen und die eignen Interessen mit allen Mitteln, mit Gerechtigkeit und Falschheit, mit Ehrlichkeit und Betrug und wäre es selbst mit dem Blut des Nebenmenschen befördern sollte. Ist der Mensch sich Selbstzweck, so wäre die Religion mit ihren ewigen Dingen, wie Napoleon I. in seinem Unglück bekannte, ein Popanz, aber die Menschen würden die Erde zur Hölle machen und sich um des schönsten Weibes willen, wie er sagte, einander erwürgen. Ist der Mensch sich Selbstzweck und nicht einzig und ausschließlich ein Leben und Wirken nach Gottes Willen, zu Gottes Ehre, seine Bestimmung, warum soll er die niedrigen Triebe unterdrücken und die Genüsse, die ihre Befriedigung gewährt, sich versagen? Warum soll der Wollüstige nicht sagen: Die Natur verlangt es, also folge ich; und der Dürftige: Die Natur verlangt, daß ich nicht darbe, also nehme ich, was ich erwischen kann? Ist der Mensch sich Selbstzweck, so ist der mühsame Kampf gegen die Leidenschaft ein Unding, das Gebet um Gottes Beistand ohne Sinn. Auch der bessere Jude, der in Folge einer glücklichen Inkonsequenz zu diesem Antinomismus, dieser gänzlichen Verwerfung des Sittengesetzes, nicht gelangt, fühlt sich in den meisten Fällen beleidigt, wenn man ihn auf diese Wahrheiten und diese ganz natürliche Entstehung des pharisäischen Lehrsystems hinweist; er bildet sich ein, man wolle ihm mit Feuer und Schwert an's Leben. Und doch streiten wir nur mit dem Schwert des Wortes und der Ueberzeugung und verdammen heute, wie es die Päpste der vergangenen Zeiten thaten, jedes Unrecht, welches dem Juden an seinem Eigenthum, an seiner Ehre, an seinem Leben geschehen sollte. Man lasse demnach solche Bedenken fahren und erwäge ohne Rücksicht auf Aeußeres, ohne Rücksicht auf herrschende Meinungen der Familien, Meinungen, die nur Geltung haben, weil sie in der Familie von jeher zu Hause sind, Meinungen, die Niemand nach ihrem innern Werthe prüfte, sondern als bloße Ueberlieferung des in Juda so engen häuslichen Bandes überkam und nicht zu bezweifeln wagt, man erwäge vor sich allein und seinem Gewissen, ob nicht die vergänglichen Interessen der Erde, die falsche Auffassung der Bestimmung des Menschen, als sei er sich Selbstzweck, die Ursache aller kleinen und großen Verirrungen Juda's, die Ursache der versunkenen Moral des Talmudismus und die Ursache des tiefen Hasses gegen den Namen Jesu Christi ist. Ein studirter Jude gab mir gelegentlich zu, daß die prophetische Stelle über den Knecht des Herrn, „daß man sein Grab bei Verbrechern bereiten wolle, daß er aber in seinem Tode bei einem Reichen war" (Jes. 53 des hebräischen Textes), trotz aller rabbinischen Ausflüchte so merkwürdig mit Jesu Tod und Begräbniß harmonire — denn als ein Verbrecher getödtet wurde Jesus nicht mit den Schächern eingescharrt, sondern in der Erbgruft des reichen Joseph von Rama begraben —, daß er nichts Haltbares dagegen sagen könne. Meine Frage, weshalb er denn Jude bleibe, wurde gerade heraus mit der Bemerkung erwiedert, daß er als Christ nicht Geld genug haben würde; und die weitere Entgegnung meinerseits, daß ein arbeitsamer Mensch seinen standesmäßigen Unterhalt leicht gewinne und in Schwierigkeiten übrigens seine Zuflucht zu Gott nehmen müsse, dessen Vorsehung für alle, besonders aber für jene sorge, die aus Liebe zu ihm Ueberfluß und Bequemlichkeit verließen, — auf diese Entgegnung erhielt ich die traurige Antwort, beten sei langweilig! Was aus dem Manne geworden ist, weiß ich nicht; er war in seinem Leben, was man einen ehrenwerthen Menschen nennt, aber die Liebe zum Zeitlichen hielt ihn gefangen. Dies mögen die Vielen erwägen, die sich in ähnlicher Lage befinden; mein ‚Talmudjude' soll sie nicht erbittern, sondern zum Nachdenken stacheln.

Jener gottlosen Rotte aber, die sich im Tone hohen oder niederen Pöbels ohne Unterlaß in der frechsten Verachtung Mose's und der Propheten gefällt, indem sie die Molche und Drachen des Talmudismus vergöttert und sich um Recht und Gewissen absolut nicht kümmert, kann ich nur wiederholen, daß ein Geschmeiß von ihrer Art nicht oft genug gekennzeichnet und gebrandmarkt wird, damit sich ehrliche Leute in Acht nehmen können. Wenn dieses Geschlecht, aus Satan geboren und zu ihm wandernd, ein Geschrei erhebt und Lärm schlägt, es werde verleumdet, so glaube ihm nicht, lieber Leser. Es ist ihm eigen von jeher, wenn ein Einzelner, welchen Namens und Ansehens er auch sei, die Wunden Juda's offen zu legen wagt, gewaltig entrüstet die Hände zu ringen und über Intoleranz, Gehässigkeit, Verdächtigung unschuldiger Menschen zu toben; sobald aber eine ganze Corporation, zumal auf Grund landesherrlicher Bestellung, die Schreier in's Verhör nimmt, verstummt der Lärm und es heißt: wohl gingen ehedem die Juden mit schlechten Lehren um, aber heute sind sie voll reiner Menschenliebe. Als Professor Eisenmenger als eine Frucht zwanzigjähriger Studien sein großes Werk gegen die Juden schrieb, bestachen sie den Minister, daß er dem Kaiser sage, das Buch sei gegen die katholische Religion und müsse verboten werden; es geschah, als unvermuthet Friedrich I. von Preußen den Kaiser belehrte, daß er schändlich hintergangen sei. Friedrich I. bestellte nämlich die Universitäten von Gießen, Heidelberg und Mainz, zu untersuchen, ob irgend eine Stelle des Professor Eisenmenger falsch citirt oder entstellt sei; zugleich zwang er die Rabbinen, Eisenmengers Citate zu prüfen und anzugeben, ob und in wiefern und wo etwas darin verkehrt sei. Einstimmig erklärten alle Eisenmengers Texte und Versionen für unwiderleglich, und die Herren Rabbinen hatten, drei Universitäten gegenüber, außer Stande, sich auf Ausflüchte, kurz auf das Lügen, zu verlegen, nur die Möglichkeit, hochfeierlich die nunmehr allein geltende reine Menschenliebe Juda's zu betheuern; darnach aber waren sie nicht gefragt, obgleich man damals eine solche Erklärung williger aufnehmen konnte als später, wo man den Talmud gegen die offen vor uns liegende Wahrheit rein zu waschen suchte und dann wieder Juda's heutige Humanität zu behaupten wagte; denn das Sprichwort sagt: Wer einmal lügt, dem glaubt man nicht, selbst wenn er auch die Wahrheit spricht. Das Urtheil der genannten Universitäten und Rabbinen wurde in der Folge von vielen namhaften Orientalisten, wie J. F. Buddeus, O. G. Tychsen, C. B. Michaelis, Wolf u. a. wiederholt erneuert und ausdrücklich auf die Wichtigkeit des Werkes für Regierungen und Spruchcollegien aufmerksam gemacht. Im königlichen Kammergericht zu Berlin ist seit 1787 folgende Beurtheilung des genannten Werkes deponirt: „Die von Eisenmenger aus klassischen jüdischen Schriftstellern gelieferten Auszüge sind mit einer Treue geliefert und übersetzt, die jede Probe aushält. Da es für ein Verbrechen von den Juden selbst gehalten wird, ihrer Rabbiner Aussprüche für ungereimt zu erklären, so können sie es bloß sich selbsten zuschreiben, wenn vernünftige Leser aus Gift keinen Honig, aus Unsinn keine Wahrheit, aus Intoleranz keine Toleranz, aus Feindschaft und Haß keine Freundschaft und Liebe herauszuziehen auch mit dem besten Willen im Stande sind"; vgl. Pawlikowski, der Talmud, Regensburg 1866, S. 320 ff. Ich führe diese Geschichte Eisenmengers an, um zu zeigen, mit welchen Mitteln Juda seine schwarzen Punkte zu verdecken sucht. Heute ist es nicht anders. Mein ‚Talmudjude', "auf dem Wege Rechtens" nicht belangbar, sollte durch die vereinten Mühen zweier Pamphletisten zu Grabe getragen werden, und selbst die Bretter des hiesigen Sommertheaters wurden zu Hülfe gerufen. Indeß das Gegentheil erfolgte, drei starke Auflagen von mehreren tausend Exemplaren wurden in kurzer Zeit vergriffen; denn, was meine Gegner vorbrachten, erkannte und bezeichnete man richtig obgleich etwas derbe als „Heu und Stroh und dummes Zeug". Sie hielten es denn auch für gut, die dritte Auflage meiner Schrift ungeschoren zu lassen; vielleicht wohl wirkte dazu mit, daß in diesem dritten Gang ein Gericht im Werth von 1000 Thlrn. präparirt war, das ein jüdischer Magen nicht verdaulich finden mochte. Zum ewigen Gedächtniß sei aber auch hier wiederholt, auf welche Manier sich meine liebenswürdigen Combattanten die Haut salviren wollten; „laß mich die Waffen deines Gegners sehen," sagte Görres, „und ich weiß, ob ihre Sache rein ist." Ein jüdischer Faun, der zweimal als Anonymus hinter verdecktem Gitter schrie, gerieth nach vielem Lärm auf die Entdeckung, daß Schopenhauers Philippika gegen die Schamlosigkeit der Juden keinen Glauben verdiene, weil jener Herr ja auch schlecht auf die „Pfaffen" zu sprechen sei. Als ob in Juda sonst die „Pfaffenfeinde" nicht die unverdächtigsten Zeugen der Wahrheit wären! Förmlich zum literarischen Pack, mit dem ein Mann von wissenschaftlicher Ehre kein Wort mehr wechselt, schlug sich nicht minder ein hiesiger Rabbiner Namens Dr. Kroner. Den geistlichen Vorsteher einer religiösen Gemeinde nennt sich dieser Mann und er titulirt sich einen Doctor, wahrscheinlich der Philosophie, dem Liebe zur Wahrheit eigen sein soll. Diese Titel sind wichtig. Denn wenn am grünen Holz derlei geschieht, was Herr Dr. Kroner mit sich vornahm, was erst müssen wir vom dürren Holz erwarten? Wenn der Hirte und Lehrer Unwahrheit betreibt und die Gesetze Mose's umstößt, was erst werden die Schafe und Schüler thun? Mein Citat, daß den Rabbinen zufolge

300,000 Menschenseelen erschaffen sein, greift Herr Dr. Kroner an, indem er die hebräischen Worte für die genannte Zahl, schischim ribbo (d. h. 60 Myriaden = 60 × 10,000), mittheilt und buchstäblich zu übersetzen wagt: „60 u. s. w." Warum dieses „u. s. w.", wenn nicht, um den Leser in die Versuchung zu führen, die „Myriaden" für eine Erfindung von mir zu halten? — Meinen Ausdruck, „die Synagoge glaube," bedachte der „Doctor der Philosophie" mit der weisen Bemerkung, die Synagoge sei ja ein Haus von Stein und Holz! Freilich, solch' eine Synagoge dürfte a b s o l u t verhärtet gegen allen Glauben sein. — Zu Lev. 20, 10 hatte ich gesagt, der Talmud ehre, Mose verpöne hier die Entehrung der Frau des „Nächsten" d. h. des Juden, nicht aber anderer Weiber. Dr. K. mit einer ihm eignen „unaussprechlichen Kühnheit", will. auch Verwegenheit, greift dies mit der Bemerkung an, daß der Name Mose's in der fraglichen Talmudstelle nicht vorkomme! Als ob man nicht richtig schreibt: „Mose sagt", wenn es z. B. heißt: „Levit. 20 wird gesagt"! Noch mehr. Dr. Kroner wagt zu behaupten, der gerichtliche Begriff des Nächsten (Hebr. rea) werde mit vollem Recht vom Talmud auf die Juden beschränkt, weil die Bibel selbst dies thue; es wäre aber in der That eine jüdsche Gerichtsordnung gewesen, wenn ein göttlicher Gesetzgeber wie Mose das Wort Exod. 20, 17 z. B.: „Du sollst nicht begehren deines Nächsten (rea) Haus" so verstanden hätte, daß bloß die Beraubung eines Juden durch en Juden, nicht aber die Verkürzung eines Goj durch einen Juden straffällig sein sollte! Führwahr, kann man nicht, wie Christus in seinen Tagen, auch heute sagen: Ihr verachtet das Gebot Gottes durch die Ueberlieferungen der Menschen? — Zu Tr. Kalla 18 erlaubte sich Dr. K. die verwegene Herausforderung: „Was meinen Sie dazu, daß Tractat Kalla gar keine 18 Folia hat? Deshalb kann ich die Stelle auch nicht finden." Gewiß, er hat nur 1 Folium, aber dennoch trägt er selbst in der Warschauer Edition von 1863 ff. die Blattzahl 18; das kommt daher, weil er in der Reihe kleinerer Tractate, die fortlaufend, nicht für sich, paginirt sind, eine Stelle einnimmt, die ihm die Nummer 18 gibt. Sollte nicht in dem Gebet der Katholiken pro perfidis Judaeis das Prädicat der Perfidie demnach genau gewählt sein? — Den Professor Eisenmenger bezeichnet Dr. K. gegen die Wahrheit (vgl. Pawlikowski l. c.) als einen getauften Juden; diese Unwahrheit, welche in Juda sehr beliebt ist, dient ihm als Unterlage für die Behauptung, E. verdiene als „abgefallener" Jude keinen Glauben — als ob der Apostel Paulus z. B., der als Jude geboren wurde und das Judenthum selbst gar für aufgehoben und dessen Weisen und Schriftgelehrten für Heuchler und Lügner erkärte, die vielen tausend Anhänger Christi nur habe gewinnen können, weil diese Tausende unfähig gewesen wären, die echte Glaubwürdigkeit zu beurtheilen! — Ja, Herr Dr. Kroner ist der Ansicht, daß Rabbi Rab und Nachman, wenn sie in fremde Städte tretend sich irgend ein Weib auf einige Tage zur Beiwohnung bestellten, eine mosaisch wie talmudisch zulässige Ehe schlossen, weil Mose ja die Ehescheidung zuerkannte! Als ob Mose Verbindungen als eheliche habe gestatten wollen, vor deren Eingehung schon abgemacht wurde, daß sie, und zwar schon nach einigen Tagen wieder getrennt werden sollten. In der That, wenn das nicht heißt, „Gottes Wort muß weichen vor euerer Ueberlieferung," so gehört es gewiß zu den erhabenen „sittlichen Gefühlen", auf die Herr Dr. Kroner mal eine christliche Gesellschaft toastiren ließ! Ja der „geistliche Vorsteher" in Israel gab mit dem Talmud (vgl. m. 2. A. S. 68) zu, daß ein schwacher von Versuchung bestürmter Mensch, wenn er in der Verborgenheit seines Herzens Begehren thue, gar nicht sündige, daß die böse Natur unwiderstehlich sei! — In dem Satze: „Hatte Jemand die Absicht, einen tödtlichen Schlag nach dem Herzen zu führen und führte einen Schlag nach den Hüften, der nicht tödten mußte, und starb der Getroffene, so ist jener straffrei" (Talmud Sanh. 78, mischn. 2, 9) — ist ohne Frage der Tod des Getroffenen von dem Schlagenden intendirt und zugleich die Folge des wirksam, wenn auch unabsichtlich gerade auf die Hüften, geführten Schlages. Herr Dr. Kroner hegt die Meinung, der Schlagende sei kein absichtlicher, vorsätzlicher Mörder! Heißt das nicht: Indem ihr mikrologisch, wie ihr seid, Mücken seiget, verschlinget ihr in demselben Augenblick Kameele? Das „Mückenseigen" liegt in der für unsern Fall gänzlich bedeutungslosen Unterscheidung von „Hüften" und „Herz", das „Kameel" steckt in der Leugnung vorsätzlichen Mordes. Und gehört es nicht gleichfalls in die Rubrik der „Kameele und Mücken", wenn Herr Dr. Kroner dafürhält, daß mir z. B. Cerfbeer's wichtige Documente über den horrenden Wucher der Juden im Elsaß nicht zu Gesichte gekommen wären, falls sie ein bekannter Ritter aus Frankreich mir nicht gegeben hätte? Herrn Dr. Kroner's Sache wäre es gewesen, den Cerfbeer zu widerlegen. Statt dessen plagt er sich, zu ermitteln, welche hohe Persönlichkeit mir wohl zu der Ehre verhalf, die Bekanntschaft Herrn Cerfbeer's zu machen. Heißt das nicht, auf „Mücken" fahnden, um die „Kameele" streichen zu lassen?

Hiermit möge Dr. Kroner von der Bühne verschwinden[1]). Zur dritten Auflage geruhte er, zu schweigen; weder um die 1000 Thaler, welche ich ihn seit November v. J. schon wollte verdienen lassen, hat er sich bis heute meines Wissens bemüht, noch sonst etwas von sich hören lassen, es sei denn, daß ein anonymer Schmähartikel der Posener Judenzeitung von ihm herrührt: der Styl wenigstens spricht dafür und ohne Frage auch der Umstand, daß der 1000 Thaler darin keine Erwähnung geschah. In dieser Hinsicht verlautbarte sich ein bis dahin Unbetheiligter, Herr Landesrabbiner Dr. Landsberger in Darmstadt. Für diesen „geistlichen Vertreter von über 100 jüdischen Gemeinden", wie er sich nannte, äußerte sein Leiborgan, die ‚Mainzeitung', daß solche Argumente (mit blanken Thalern)

---

[1]) Dem Vernehmen nach ist er inzwischen auch aus Münster verschwunden.   Anmerkung des Correctors.

durch Rohheit wirkliche Gründe ersetzen müßten. Die Trauben waren doch nicht sauer, lieber Rabbi? Eine „Abwehr" dieses „Landesrabbi" in der „Mainzeitung, war auch anderweitig interessant. Dr. L. hatte ersichtlich die Tiraden Kroner's nicht gelesen; daher kam es, daß Kroner gewisse Stellen z. B. Kalla 18 gar „nicht finden konnte", die L. ohne Weiteres als vorhanden anerkannte, aber anders „auslegen" zu müssen glaubte, als ich es gethan. Christus meinte, Satan dürfe Belzebub nicht widersprechen, wenn ihr Reich bestehen solle; aber freilich, nach dem Talmud sind auch die Widersprüche der „göttlichen Rabbiner" unfehlbar Gottes Wort. Damit aber Juda auch hinfühyro wisse, daß wir nicht leichtsinnig seine „heiligen Bücher" behandeln, verpflichte ich mich gern auch für diese 4. Auflage zur Zahlung von 1000 blanken Thalern, wenn ihm die deutsche morgenländische Gesellschaft das Urtheil geben würde, daß meine Citate erdichtet, unwahr, erfunden seien.

Münster, im October 1872.

Der Verfasser.

A.
Grundlagen.

1.
Orthodoxie und Reform.

Eine große Geistesbewegung hat seit wenigen Jahren das abendländische Judenthum ergriffen. Während Juda im Orient, wenige Dissenters (die sog. Karäer) ausgenommen, wie ehedem mehr auf den Talmud als auf die Bibel schwört, erklingt in Europa hier mehr, dort minder unter den Söhnen Jakobs der Aufruf zum religiösen Fortschritt. Alle wollten Orthodoxe heißen, aber die alten Orthodoxen erkennen die Fortschrittler nur als schlechte Reformisten an. Die Farbe der Fortschrittler ist verschieden. Die Einen „machen den Talmud für alle Leiden verantwortlich, welche Juda ehedem zu dulden hatte; ihr Wort ist: Der Talmud war Alles, er muß ein Nichts werden [1]"; sie rufen den Altgläubigen zu: „Eure Observanzen haben sich überlebt, sie hindern das Judenthum, sich annehmbar zu machen [2]", und: „Das alte System, welches die talmudischen Verirrungen aufrechthalten will, hemmt die Zukunft des Judenthums und muß beseitigt werden [3]"; sie gehen weiter und erklären, daß „die Annahme dreier

---
[1] Archives israélites 12, 242; 1867. — [2] Ib. 10, 448. — [3] Ib. 12, 533; 1868.

Dogmen — der Einheit Gottes, seiner Unsterblichkeit und der Unsterblichkeit der Seele — genügt, um Israelit zu sein [1]"; sie fügen bei; „Jeder von uns ist der oberste Richter in Glaubenssachen [2]" und fordern „Juden, Christen, Türken auf, die äußern Cultformen abzuthun und sich in dem Bekenntniß der Einheit Gottes und der allgemeinen Bruderliebe zu vereinen [3]".

Die andern sind reservirter. Sie nennen den Talmudismus nicht mehr göttlich, aber ehrwürdig; der Talmud ist ihnen nicht mehr ein „Gesetzbuch" Juda's, aber ein „Juda werthes Buch" und sie bemühen sich, ihn vor dem großen Publikum von jeder Makel rein zu waschen [4], während sie in eigentlich gelehrten Werken zugeben, daß er „Erhabenes und Gemeines, Jüdisches und Heidnisches nebeneinander und manche lieblose Ansprüche und Bestimmungen gegen andere Völker und Religionsbekenner enthalte [5]"; sie leugnen nicht ausdrücklich den eigentlichen Offenbarungscharakter der Bibel und bezeichnen die „allgemeine Menschenliebe" als die „jüdische Idee [6]". — Beide Standpunkte sind unhaltbar, der zweite ist eine Halbheit und wird beim ersten, den er in sich birgt, durch die Gewalt der Consequenz früh oder spät anlangen.

---

[1] Arch. isr. 3, 118 f. — [2] Ib. 15, 677; 1867. — [3] Ib. 14, 628 f. 1866. — [4] Vgl. Kroner im „W. Merkur" Nr. 128 u. 130 d. J. 1871 u. seine Gegenschrift gegen meinen „Talmudjuden". Ein Rabbi, der in der Oeffentlichkeit den Talmud mit vollem Munde als ein Buch der Menschenliebe lobt, ließ mich durch einen meiner Collegen wissen, er finde es unschön, daß ich den Leuten den freilich ja nicht zu leugnenden Sachverhalt so nackt mittheile! — [5] Grätz, Geschichte der Juden 4, 410. — [6] Kroner, II. cc. und eine Rede desselben, Mr. bei Coppenr. 871.

Das Spielen mit Leviathan hat aber nur bis zur Verwüstung des Tempels gedauert ¹). Von da spielet Gott nicht mehr, tanzt auch vor der Hand nicht mehr, wie er vor Zeiten mit der Eva den ersten Tanz gethan, nachdem er sie aufgeputzt und ihr die Haare geflochten hatte ²). Seit ³) der Zerstörung des Tempels weinet Gott vielmehr, denn er hat schwer daran gesündigt. So groß ist diese Sünde auf Gottes Gewissen, daß er nach dem Talmud ⁴) in allen 3 Theilen der Nacht sitzet und brüllet wie ein Löwe und ruft: weh mir, daß ich mein Haus verwüsten, den Tempel verbrennen, meine Kinder wegführen ließ; ja er hat seitdem in der Welt, die er sonst ganz füllte, nicht mehr Platz, als nur 4 Ellen weit ⁵); und ⁶) wenn man ihn lobt, so muß er das Haupt schütteln und sagen: glückselig der König, der in seinem Hause gelobt wird; was gebührt aber einem Vater, der seine Kinder in's Elend gehen läßt? Daß man aber die große Reue Gottes recht begreife, ist zu wissen, daß jener Löwe, nach dessen Art er brüllt, der aus dem Walde Elai ist. Diesen Löwen wollte einst der römische Kaiser sehen; man holte ihn also, und da er noch 400 Meilen vom Kaiser entfernt war, brüllte er, daß alle Gesegneten mißgebaren und alle Mauern zu Rom umfielen; als er aber noch 300 Meilen entfernt war, brüllte er wiederum, und es fielen den Leuten die Augenzähne und die Backenzähne aus, der Kaiser fiel von seinem Thron auf die Erde und bat um die Heimführung des Löwen ⁷).

---

¹) A. a. O. — ²) Tr. Berach. f. 61. — ³) Tr. Chagiga f. 5. 2. — ⁴) Tr. Berach. f. 3. 1. — ⁵) ibid. f. 11. 1. — ⁶) Tr. Ber. l. c. — ⁷) Tr. Chollin f. 59. 2.

Die Vertreibung der Juden in's Elend bereut der heil. Gott nach dem Talmud auch als eine besondere Sache für sich, indem er täglich zwei große Thränen mit solchem Getön in's Meer fallen läßt, daß man von einem Ende der Welt bis zum andern den Schall davon hören kann; selbst Erdbeben entstehen durch den Fall dieser Thränen[1]). — Des Weitern hat der Mond dem heiligen Gott bewiesen, daß er mit Unrecht kleiner als die Sonne geschaffen wurde; und Gott mußte sagen: so opfert denn ein Versöhnungsopfer für mich, weil ich den Mond kleiner als die Sonne gemacht[2]). — Auch vor Uebereilung ist der heil. Gott nicht gesichert? wird er vom Zorn überrascht, so handelt er übereilt[3]), — Selbst den Eid hat der heilige Gott mißbraucht; denn er hat ein großes Unrecht mit einem Eid bekräftigt, indem er schwur, die Israeliten, welche in der Wüste zogen, sollten keinen Theil an dem ewigen Leben haben; darnach hat er den Schwur bereut und ist von ihm abgegangen[4]). Eine andere Stelle im Talmud meldet aber, daß Gott, wenn er einen schlechten Schwur gethan, eigentlich nöthig hat, durch einen Andern entbunden zu werden. Denn ein Weiser Israels hörte einst, wie Gott rief: weh mir, wer entbindet mich meines Schwures[5])? Und als der Rabbiner dies seinen Amtsgenossen erzählte, schalten sie ihn einen Esel, daß er nicht selber Gott des Eides entbunden habe[6]). Indeß steht zwischen Himmel und Erde ein mächtiger Engel Na-

---

[1]) Tr. Berach. f. 59. 1; Chagig. f. 5. 2. — [2]) Tr. Chollin f. 60, 2; Tr. Schebuoth f. 9, 1. — [3]) Tr. Aboda s. f. 2. 2. — [4]) Tr. Sanh. f. 110, 2. — [5]) Tr. Baba b. f. 74. 1. — [6]) ibid.

mens Mi, welcher den heil. Gott von all' seinen Eiden wie auch Gelübden entbinden und absolviren kann ¹). — Wie Gott schlecht geschworen, so hat er nach dem Talmud auch gelogen, um zwischen Abraham und Sara Frieden zu stiften, weßhalb man des Friedens wegen, wie der Talmud beifügt, lügen darf ²). Ja der heilige Gott ist auch die Ursache der Sünden auf Erden, weil er die böse Natur des Menschen erschuf ³), durch ein Verhängniß die Menschen zur Sünde bestimmt ⁴) und die Juden durch Zwang zur Annahme des Gesetzes genöthigt hat ⁵). So begreift man, daß Davids Ehebruch ⁶) und die Frevel der Söhne Eli's ⁷) nach dem Talmud keine Sünde waren.

2.
Von den Engeln.

Einige Engel bleiben in Ewigkeit, und diese wurden am 2. Tag erschaffen; andere vergehen, und diese wurden am 5. Tag erschaffen ⁸). Auch heute noch und fortwährend werden aus einem Feuerstrom neue Haufen Engel erschaffen; die singen Gott zu Ehren, wie der Talmud ⁹) sagt, ein Lied und vergehen dann wieder; einen ganzen Haufen Engel hat Gott mit seinem kleinen Finger ver-

---

¹) Meg. amukk. f. 1, 4. — ²) Tr. Baba m. f. 87. 1. — ³) Tr. Berach. f. 32. 1. u. 61. 1. — ⁴) Tr. Aboda s. f. 4. 2. — ⁵) Tr. Aboda s. f. 2; schabb. f. 88. — ⁶) Tr. schabb. f. 56. 1. — ⁷) ibid. f. 55. 2. — ⁸) Bechai l. c. par. 7. f. 37. 4; Pirke El. cp. 4 und v. — ⁹) Tr. Chagiga f. 14. 1.

brannt [1]). Ja durch ein jeglich Wort, das Gott spricht, entsteht ein neuer Engel [2]). Ueber die Kräuter sind 21,000 Engel gesetzt, denn soviel Kräuter giebt es auf Erden [3]). Jorkemo heißt der Engel des Hagels, Michael ist der Fürst des Wassers, Gabriel des Feuers und der Früchtereifung [4]). Auch gute und böse Liebe, Gunst und Gnade, Furcht und Friede, Vögel und Fische, Winde, wilde Thiere, Arzneien, Sonne, Mond und Sterne, haben ihre besondern Engel und von jedem wissen die Rabbiner den Namen [5]). — Gute Engel sind nach dem „Adler der Synagoge" die Seelen der Himmelskörper, weshalb die Himmelskugeln einen Verstand haben, die Dinge zu begreifen und zu erkennen [6]). Der Engel Hauptgeschäft bei der Nacht ist, den Menschen Schlaf zu machen [7]). Sonst beten sie für den Menschen, und der Mensch muß sie anrufen; aber die Engel verstehen nach dem Talmud kein Syrisch und Chaldäisch, weshalb der Israelit in diesen Sprachen kein Anliegen durch sie empfehlen darf [8]). Diese Unkenntniß der Engel hat aber doch einen Vortheil; denn die Juden haben ein ganz vortreffliches Gebet, welches sie auf chaldäisch beten, wie der Talmud sagt, damit die Vorzüglichkeit des Gebetes den Neid der Engel nicht erwecke [9]). Nach Andern verstehen die Engel alle Spra-

---

[1]) Pesikt. rab. f. 35. 2 ff. — [2]) Chag. a. a. O. — [3]) M. amukk. f. 32. cf. 107. — [4]) Tr. pesach. f. 118; Sanh. f. 95 (Raschi); ammudeha Schibha f. 49. — [5]) Berith men f. 37. 1. u. a. B. — [6]) Maim. More 2, 5. f. 61; auch Bechai zum Pent. f. 9. p. 1. — [7]) Jalk. chad. f. 118. — [8]) Tr. schabb. f. 12, 2 u. Tos. — [9]) Tr. Berach. f. 3. 1. Tos.

chen, haben aber vor den genannten einen Abscheu, weshalb sie nicht darauf achten [1]).

3.
Von den Teufeln.

Am Freitag Abend in der Dämmerung erschuf Gott die Teufel; da alsbald der Sabbath einbrach, kam er nicht soweit, ein Kleid, den Leib, für sie zu schaffen [2]). Nach Andern bekamen sie keinen Leib zur Strafe, weil sie nicht wollten, daß der Mensch einen Leib erhalte [3]). Das Wesen der Teufel ist gleichwohl Feuer und Wasser [4]); einige sind auch aus Luft, andere aus Erde gemacht, und die Seelen der Teufel sind von einer Materie, die unter dem Monde liegt und zu sonst nichts nützet [5]).

Einige Teufel stammen von Adam, der sich von Gott mit dem Fluche belegt der Eva zu nahen weigerte, um nicht Kinder des Unglücks zu haben; so erschienen zwei Weiber der Teufel und gebaren von ihm neue Teufel [6]). Nach dem Talmud hat Adam 130 Jahre lang mit Lilith, einem vornehmen Weib der Teufel, nur Geister, Teufel und Nachtgespenster gezeugt [7]). Uebrigens hat auch Eva 130 Jahre lang nur Teufel geboren, indem sie genöthigt wurde, die Frau männlicher Teufel zu sein [8]). Nach dem Talmud endlich sind auch die Teufel unter sich

---

[1]) Jalk. chad. f. 117. 3. — [2]) ibid. f. 107 n. 27. — [3]) ib. f. 115. 116. — [4]) Nischm, chaijm f. 117. 2. — [5]) Tub. haar. f. 9. 2. — [6]) Jalk. rub. n. 3. u. b. T. Leda. — [7]) Tr. Erubin, f. 18. 2. — [8]) Bechai par. 1. f. 16, 1; Nischm. ch. f. 114. 2.

fruchtbar; sie vermehren sich wie die Menschen, sie essen und trinken wie die Menschen und viele sterben wie die Menschen [1]).

Vier Weiber sind als der Teufel Mütter berühmt; Salomo soll Gewalt über sie gehabt, sie seine Mägde genannt und zu seinem Dienst gebraucht haben [2]). Eins dieser Weiber geht nach dem Talmud in den Nächten der Donnerstage und Sabbathe mit 180,000 Teufeln aus, die Macht haben, zu verderben; dieses Weib und dessen Tochter sind zumal die Frauen des Teufels Sammael [3]). Lilith, eine andere jener vier, war ungehorsam gegen Adam, ihren Gatten; sie mußte die Strafe annehmen, daß täglich 100 ihrer Kinder sterben, zugleich auch verrepschen, die kleinen Kinder, worüber sie Gewalt hat, beim Anblick dreier Engelnamen nicht zu tödten [4]). Lilith heulet immerfort, von 480 Engeln des Verderbens begleitet; ein anderes jener vier Weiber tanzet ohne Ende und führt 479 böse Geister mit sich [5]). — Aehnlich wie durch Adam entstehen auch jetzt noch immerfort neue Teufel; die Erzählung davon ist aber zu schmutzig. Uebrigens kann der Mensch solche Teufel tödten, wenn er z. B. Osterkuchen backt und sich dabei stark anstrengt [6]). Von den sterblichen Teufeln hat Noe hingegen einige mit in die Arche genommen, um sie am Leben zu erhalten [7]).

Ueber den Aufenthalt der Teufel hören wir: einige wohnen in der Luft und bewirken die Träume der Men-

---

[1]) Tr. Chagiga f. 16. 1. — [2]) Menachem l. c. f. 33. 3 und viele Rabb. — [3]) Tr. pesach. f. 112. 2. — [4]) Seph. b. Sira f. 9. 1 u. 2; emek. hammel. f. 84. 2. — [5]) Jalk chad. f. 108. 3. — [6]) Hanhag. f. 16. — [7]) Nischm. ch. f. 115. 3.

schen; andere sind in den Abgründen des Meeres und würden die Welt zerstören, wenn sie losgelassen würden; andere wohnen in den Juden und bewirken deren Sünden [1]). Nach dem Talmud [2]) tanzen die Teufel auch zwischen den Hörnern eines Ochsen, der aus dem Wasser steigt, und [3]) zwischen Weibern, die von einem Begräbniß kommen. Gern, sagt der Talmud, sind die Teufel in der Nähe der Rabbiner, weil ein dürrer Acker nach Regen dürstet [4]); desgleichen auf Nußbäumen, worunter zu schlafen gefährlich sei, da auf jedem Blatt ein Teufel wohne [5]). Zwei berühmte Teufel, Asa und Asael, wohnen in den finstern Bergen gegen Morgen: von ihnen haben Bileam, Job und Jethro das Zaubern gelernt, und Salomo herrschte durch sie über die Vögel und alle Teufel und zwang durch sie die Königin von Saba, ihn zu besuchen [6]).

Wegen der Teufel soll Niemand an einsamen Orten oder bei Ab- und Zunahme des Mondes allein gehen; bei Nacht, wie der Talmud sagt, Niemanden grüßen, da der Begrüßte ein Teufel sein könnte; früh Morgens soll man sich die Hände waschen, weil der unreine Geist sich auf unreine Hände setzt — und des Wahnsinns vielerlei sonst. Man hat ganze Bücher über den Aberglauben und die Zauberwirthschaft der jüdischen Schriften; der Talmud, sagt der franz. Professor der Magie, der Jude Eliphas Levi, ist das Grundbuch aller Magie [7]). Wir setzen

---

[1]) Bechai l. c. p. 17. f. 90. 1. — [2]) Tr. pes. f. 112. 2. — [3]) Jore deah n. 348 ff. — [4]) Tr. Berach. f. 6. 1. — [5]) Jalk. chad. f. 108. 2. — [6]) Emek. ham. f. 68. 1; f. 132. 3 u. a. B. — [7]) Eliphas, hist. de la magie p. 46. (Paris 1860).

nur Einiges bei von etlichen großen Zauberern des Talmud. — Einer von den Stiftern des Talmudjudenthums konnte nach der Meldung des Talmud, nachdem er einen Menschen todt geschlagen, einen neuen durch Zauber erschaffen [1]). Mit einem andern Rabbi vereint erschuf er alle Abende ein dreijährig Kalb und verspeiste es [2]). Desgleichen verstand es ein Talmudrabbi, aus Kürbissen und Melonen Hirsche und Rehe zu machen [3]). Rabbi Elieser konnte das Feld besprechen, daß es voll Kürbisse war [4]). Rabbi Jannai verwandelte Wasser in Skorpionen und ein Weib in einen Esel, auf dem er zu Markte ritt [5]). Der Erzvater Abraham selbst hat Zauberei getrieben und sie Anderen gelehrt [6]): an seinen Hals trug er einen Edelstein, mit dem er alle Kranken gesund machen konnte [7]). Die Talmudrabbiner hatten aber gar einen Edelstein, mit dem sie Todtes wieder lebendig machten: ein Rabbi, erzählt der Talmud, biß einer Schlange den Kopf ab und als er sie mit dem Stein berührte, wurde sie wieder lebendig; selbst eingesalzene Vögel berührte er mit dem Stein und sie wurden lebendig und flogen davon [8]).

4.
Geheimnisse.

Der Rabbiner Fabius von Lyon sagte in seiner Rede für das jüdische Neujahrsfest 1842 [9]), die jüdische Reli-

---

[1]) Tr. Sanh. f. 65. 2; Tr. Megilla f. 7. 2. — [2]) Sanh. ib. — [3]) T. Jer. Sanh. cp. 7. — [4]) Tr. Sanh. f. 68. 1. — [5]) ib. f. Soph. 2 und tr. 67 f. 13. — [6]) Tr. Sanh. f. 91. 1. — [7]) Tr. Baba b. f. 16. 2. —[8]) Baba b. f. 74. 2. — [9]) Offrande au Dieu de l'Univers par Fabius, Lyon 1842.

gion habe vor der christlichen u. A. den Vorzug, ohne Mysterien zu sein; alles in ihr sei reine Vernunft, voll Aufklärung; bei den Christen aber heiße es: Vernunft schweige, Wahnsinn rede!

Der Talmud sagt u. A. Folgendes, wozu bereits Berichtetes recapitulirt werden kann. Nachdem Gott allen Staub der Welt zusammengebracht, machte er einen Klumpen daraus, der sodann zum Menschen wurde, aber zunächst zum Doppelmenschen mit zwei Gesichtern, den Gott in zwei Theile schnitt, um Adam und Eva zu haben [1]). Adam war so groß, daß sein Kopf das Firmament berührte; und wenn er sich niederlegte, waren seine Füße im äußersten Westen und sein Kopf im äußersten Osten [2]); zugleich hatte Gott für Adam ein Lichtloch gemacht, wodurch er von einem Ende der Welt bis zum andern sehen konnte [3]). Als Adam aber gesündigt, da hat ihn Gott klein gemacht wie die gewöhnlichen Menschen [4]).

Og, der König in Basan, von dem die Bibel erzählt, erhielt seinen Namen, weil er den Abraham beim Backen der Osterkuchen (hebr. ugga) fand [5]). Zur Zeit der Sündfluth wurde Og mit einem Einhorn gerettet, indem er neben der Arche ging; das Wasser bei der Arche war nämlich kalt, das übrige siedendheiß [6]). Og's tägliche Speise waren 2000 Ochsen und ebenso viel Wildpret, sein Trank 1000 Maß [7]). Als Israel nach Basan kam, hörte Og, daß Israels Lager 3 Meilen groß

---

[1]) Tr. Sanh. f. 38. 1 u. 2; Berach. f. 61. 1; Erubin f. 18. 1. — [2]) Tr. Sanh. f. 38. 2. — [3]) Tr. Chagiga f. 12. 1. — [4]) ib. — [5]) Tr. Nidda f. 61. 1. Tos. — [6]) Tr. Seb. f. 113. 2. — [7]) Tr. Soph. f. 14. 4.

fei. Da riß er einen Berg von 3 Meilen aus der Erde und nahm ihn auf den Kopf; aber Gott ließ Ameisen auf den Felsen kommen, die fraßen ein Loch hinein, daß der Berg um den Hals des Og fiel; und seine Zähne wuchsen durch die Kinnlade in den Felsen, daß er den Hals nicht wieder herausziehen konnte. Da kam Mose herzu, nahm eine Axt von 10 Ellen Länge, sprang 10 Ellen in die Höhe, schlug dem Og an die Knöchel der Füße und brachte ihn um [1]). Dennoch ist Og nach demselben Talmud lebendig in's Paradies gekommen [2]). Und trotzdem sagt der Talmud wieder, daß Rabbi Jochanan einmal das Schienbein eines Todten fand und 3 Meilen dem Schienbein nachlief, ohne an das Ende des Schienbeins gelangt zu sein; das Bein aber gehörte dem Og von Basan [3]).

Abraham hat nach dem Talmud soviel gegessen und getrunken, als 74 Menschen zusammen; darum ist er auch so stark gewesen, als 74 andere [4]). Dennoch war er gering gegen Og; denn als dem Og einst ein Zahn ausfiel, machte sich Abraham eine Bettlade aus dem Zahn; doch streiten die Rabbiner, ob eine Bettlade oder ein Sessel aus dem Zahn gemacht worden [5]). — Solche Geheimnisse haben die Christen freilich nicht, weder in Sache noch in Bild, obwohl auch sie aus dem Orient stammen.

---

[1]) Tr. Berach. f. 54. 2. — [2]) Tr. Derech erez, f. 20. 3. — [3]) Tr. Nidda f. 24. 2. — [4]) Tr. Soph. f. 14. 4. — [5]) ib.

5.

Von den Seelen.

Alle Seelen der Menschen, welche immer bis zum Ende der Welt sein werden, wurden in den 6 Tagen der Erschaffung der Welt erschaffen [1]); dann [2]) gab sie Gott in die Schatzkammer des Himmels, von wo sie, wie „alle Weisen Israels lehren", bevor eine Mutter den Menschen an die Welt bringt, von Gott hinausgelassen werden [3]).

Nach „allen jüdischen Lehrern" [4]) aber schuf [5]) Gott 600,000 Seelen der Juden, weil jeder Vers in der Bibel 600,000 Auslegungen hat und jede Auslegung eine Seele angeht. Die jüdischen Seelen haben den Vorzug, daß sie ein Theil Gottes sind, in derselben Weise von Gottes Substanz, wie ein Sohn von dem Wesen seines Vaters ist [6]); darum ist eine jüdische Seele Gott lieber und angenehmer als alle Seelen der andern Völker in der Welt, deren Seelen vom Teufel herstammen [7]) und Seelen sind, wie sie das Vieh und die Thiere haben [8]); weshalb auch der Talmud sagt, der Same eines Fremden, der kein Jude ist, sei Viehsame [9]). Am Sabbath, sagt der Talmud, bekommt der Jude eine zweite Seele zu der ersten [10]); durch die

---

[1]) Nischm. ch. f. 70. 2. — [2]) Raschi zu Tr. Chag. f. 5. 1. — [3]) Nischm. f. 72. 1. — [4]) Bodenschatz 3, 135. — [5]) Jalk. chad. f. 155. 1. — [6]) Schefa tal. f. 4; schene luch. hab. f. 262. 3 und viele Rabbiner. — [7]) Schefa t. f. 4. 2; Menachem p. 53 f. 221. 4. — [8]) Jalk. chad. f. 154. c. 2. n. 7. T. nesch. — [9]) Tr. Jebam. f. 94. 2. Tos. — [10]) Tr. Taanith f. 27. 2.

zweite, sagt Raschi, wird dem Menschen die Lust zum Essen und Trinken erweitert ¹).

Nach dem Tode wandert die Seele der Juden in einen andern Körper, indem die Seelen der sterbenden Voreltern den Leib des Kindes beleben, das eine Mutter der jüngern Generation unter dem Herzen trägt ²). Kain hatte 3 Seelen: die eine fuhr in Jethro, die andere in Kore, die dritte in den Egypter, den Mose todtschlug ³). Die Seele Japhets fuhr in Samson, Tare's Seele in Job, Eva's Seele in Isaak, der Buhlerin Rahab Seele in Heber, die Seele Jael in Eli ⁴), und Esau's Seele, sagt der große Abarbanel, fuhr in Jesus — Esau's, von dem der Talmud ⁵) lehrt, daß er ein Mörder und Ehebrecher war. Gottlose Juden, die z. B. einen Israeliten tödteten oder vom jüdischen Glauben abfielen, werden nach dem Tode in Gewächse und Thiere geschickt, dann 12 Monate in der Hölle gestraft, dann wieder neu erschaffen und wandern nun, um gebessert zu werden, erst in leblose Dinge, darauf in Thiere, sodann in heidnische Menschen und endlich wieder in Israeliten ⁶). Diese Wanderung ist aber eine Einrichtung der Barmherzigkeit Gottes, für den Zweck, damit das ganze Israel Theil am ewigen Leben bekomme ⁷).

---

[1] Zu Taan. l. c. — [2] Nischm. ch. f. 159. 2; 160. 12, 4. maam. — [3] Jalk. rub. n. 9 Tit. Gilg. — [4] ib. n. 18. 24. 61. 1; jalk. chad. f. 127. 3; f. 3. 2. n. 8 T. adam; Abarb. zu Is. f. 54. 3. — [5] Tr. Baba b. f. 16. 2. — [6] Emek. ham. f. 16. 2 cp. 3 T. schaar tik. hat. — [7] Abodath hak. II, f. 48. 2. Nischm. ch. f. 163. 2. 4. maam.

6.
Vom Paradies und Hölle.

Im Paradies, sagt der Talmud, riecht es überaus herrlich; denn Elias bestreute einst den Mantel eines Talmudrabbiners mit Blättern von den Bäumen des Himmels; und als der Rabbiner den Mantel wieder an sich nahm, blieb der Geruch daran haften, weshalb er den Mantel für 150 Reichsthaler verkaufen konnte [1]). Im Himmel, hörten wir bereits, essen die Gerechten das eingepökelte Fleisch des Leviathanweibes; auch das Fleisch von einem großen wilden Ochsen, der täglich 1000 Berge abweidet, wird nach dem Talmud dort gegessen [2]); ferner wird dort ein großer leckerer Vogel, wie der Talmud sagt, präparirt und die vierte Speise besteht in ungemein fetten Gänsen [3]). Als Trank dazu gibt es nach dem Talmud einen schönen sehr alten Wein, der von den 6 Tagen der Erschaffung der Welt aufbewahrt ist [4]).

Doch nur die Gerechten, d. h. die Juden, sagt der Talmud, kommen in's Paradies, die Gottlosen fahren zur Hölle [5]). Dort ist Verwesung und Koth, Weinen und Finsterniß, in jeder Wohnung 6000 Kisten und in jeder Kiste 6000 Fässer mit Galle [6]). Die Hölle ist aber sechzigmal größer als das Paradies [7]). Denn alle Unbeschnittenen, in Sonderheit aber die Christen, welche die Finger hin und

---

[1]) Tr. Baba m. f. 144. 2. — [2]) Tr. Baba b. f. 74. 2. — [3]) ib. f. 73. 2. — [4]) Tr. Sanh. f. 99. 1. — [5])˙Tr. Chagiga f. 15. 1; Erub. 19. 1. — [6]) Reschith chokm. f. 37. 2. — [7]) Tr. Taan. f. 10. 1.

her bewegen (das Kreuz zu machen) und auch die Türken, welche nur Hände und Füße, nicht aber das Herz waschen, müssen hinein¹) und ewig darin bleiben²).

7.
Vom Messias.

1. Wenn der Messias kommt, sagt der Talmud, dann bringt die Erde Kuchen und wollene Kleider hervor, auch Weizen, dessen Korn so dick ist als zwei Nieren von den größten Ochsen³). Der Messias wird den Juden das königl. Regiment zurückgeben, alle Völker werden ihm dienen und alle Königreiche ihm unterthänig sein⁴). Dann wird jeder Jude 2800 Knechte⁵) und 310 Welten haben⁶). Aber ein großer Krieg geht vorher, worin zwei Drittel der Völker umkommen, so daß die Juden 7 Jahre nöthig haben, die eroberten Waffen zu verbrennen⁷). Auch der „Adler der Synagoge", Maimonides⁸), glaubt an die irdische Weltherrschaft. Israels alten Feinden werden dann die Zähne aus dem Munde wachsen 22 Ellen lang⁹).

Von allen Völkern wird der Messias Geschenke annehmen, nur von den Christen nicht¹⁰). Die Juden wer-

---

¹) Zeror h. par. Told. Jizch. f. 27. 2; Bechai l. c. p. 6. f. 34. 4 u. p. 51. f. 220; Abarbanel, masch. Jesch. f. 19. 4. — ²) Talm. Tr. rosch. hasch. 17. 1; Bechai. l. c. f. 171. 3. p. 38. — ³) Tr. Kethub. f. 111. 2; schabb. f. 30. 2. — ⁴) Tr. Schabb. f. 120. 1; tr. Sanh. f. 88. 2; 99. 1. — ⁵) Jalk. Schim. zu Js. f. 56. 4 n. 359; Bechai l. c. f. 168. p. 37 u. a. — ⁶) Tr. Sanh. f. 101. I. — ⁷) Majene jesch. f. 74. 4; 76. 1; Abarb. maschm. J. f. 49. 1—3. — ⁸) Zu Tr. Schabb. l. c. — ⁹) Oth. Akib. u. Schin. — ¹⁰) Tr. pes. f. 118. 2 u. viele Rabb.

den da unermeßlich reich; denn alle Schätze der Völker kommen in ihre Hand; zu einer Schatzkammer, sagt der Talmud, gelangen sie dann, so groß, daß 300 Eselinnen nöthig sind, die Schlüssel der Thore und Schlösser zu tragen [1]). Alle Völker werden dann den jüdischen Glauben annehmen, aber die Christen werden dieser Gnade nicht theilhaftig, sondern ganz und gar ausgerottet [2]), weil sie vom Teufel herkommen [3]).

2. Während so das messianische Reich genau wie zu des Heilandes Zeit durch irdische Schwärmereien entstellt wird, erfährt der wahre Messias eine Behandlung, die ein Christ nicht aussprechen kann. Es ist doch viel, daß ein Israelit in christlichen Landen den Erlöser öffentlich als einen Abgott, geboren in Unzucht, geboren in Ehebruch [4]), schmähen darf.

---

[1]) Tr. pes. f. 119; tr. Sanh. f. 110; Bechai l. c. p. 16. f. 62. 4. u. v. — [2]) Tr. Jebam. f. 24. 2; tr. aboda s. f. 3. 2; Abarb. maschm. J. f. 65; Bechai l. c. 85 .3 u. v. a. — [3]) Zeror. ham. f. 25. 2. — [4]) Fabius, offrande l. c. nach Talm. (Am. Veu.) tr. Sanh. f. 67 u. f. 107; tr. Kalla f. 18; Raschi zu Schabb. 104. 2 u. a. Nach dem Talmud (V. A.) hat Christus auch Zauberei (tr. Sanh. f. 43 u. 107) und Abgötterei (tr. Sota f. 47 u. schab. f. 104) getrieben u. s. w. Vgl. auch die betreffenden Stellen in Renan's Leben Jesu (von dem jüd. Gelehrten Dr. Neubauer).

C.

Die verderbte Sittenlehre der Talmudjuden.

1.

Vom Nächsten.

Die Israeliten, sagt der Talmud [1]), sind Gott angenehmer als die Engel. Wer einem Israeliten einen Backenstreich gibt, thut soviel, als ob er der göttlichen Majestät einen Backenstreich gäbe, sagt der Talmud [2]) abermals, und die übrigen Rabbiner wiederholen es, wie oben gezeigt, mit den Worten, daß ein Jude von Gottes Substanz ist, wie ein Sohn von dem Wesen seines Vaters. Darum ist ein Goi, der einen Juden schlägt, nach dem Talmud des Todes schuldig [3]). Wenn die Juden nicht wären, so gäbe es, wie der Talmud sagt, keinen Segen auf Erden [4]), auch nicht Sonnenschein und Regen [5]), weshalb die Völker der Welt nicht bestehen könnten, wenn die Juden nicht wären [6]). „Es

---

[1]) Tr. Chollin. f. 91. 2. — [2]) Tr. Sanh. f. 58. 2. — [3]) ibid. — [4]) Tr. Jebam. f. 63. 1. — [5]) Bechai z. Pent. p. 34. f. 153. 3. — [6]) Zeror. h. f. 107. 2.

ist ja ein Unterschied zwischen allen Dingen." Gewächse und Thiere können ohne den pflegenden Menschen nicht sein, "und wie die Menschen über den Thieren stehen, so die Juden über allen Völkern der Welt"[1]). Ja, sagt der Talmud[2]), Viehsame ist der Same eines Fremden, der kein Jude ist. Fremde (Nochrim) und Nichtjuden sind nach Rabbi Kroner dasselbe[3]). Ein Fremder, sagt auch der Talmud, ist, wer nicht beschnitten ist, und ein Fremder und ein Heide sind dasselbe[4]). Und der Talmud lehrt abermals, daß die Gräber der Gojim Israel nicht verunreinigen, weil die Juden allein Menschen sind, die übrigen Nationen aber die Art eines Thieres haben[5]). Ja Hunde sind dem Talmud die Nichtjuden, indem er zu Ex. 12, 16 von den heiligen Festen schreibt, sie seien für Israel, nicht für die Fremden, nicht für die Hunde[6]). R. Mose b. Nachman wiederholt dies mit der Variante: "Für euch, nicht für die Gojim; für euch, nicht für die Hunde" sind die Feste[7]). Ebenso Raschi zu Ex. 12 in der Venediger Ausgabe, während in dem Amsterd. Pentateuch der Commentar von Raschi den Beisatz "nicht für die Hunde" wegläßt. Wie Hunde, so sind die Nichtjuden auch Esel[8]), und Abarbanel sagt: das auserwählte Volk ist des ewigen Lebens würdig, die übrigen Völker sind den Eseln gleich[9]). Die Häuser der Gojim sind Häuser der Thiere[10]); und

---

[1]) ib. f. 101. 2. — [2]) Tr. Jebam. f. 94. 2. Tos. — [3]) Vgl. K.'s Gegenschrift 1, 47. — [4]) Tr. Berach. f. 47. 2; tr. Gittin f. 70. 1 und tr. Aboda S. f. 26. 2. Tos. wechseln goi und nochri als Synonyma. — [5]) Tr. Baba m. f. 114. 2. — [6]) Tr. Megilla 7. 2. — [7]) f. 50. 4. par. Bo. — [8]) Tr. Berach. 25. 2. — [9]) Zu Hos. 4. f. 230. 4. — [10]) Leb. tob. f. 46. 1.

Ben Sira antwortete, als ihm Nabuchodonosor seine Tochter zum Weibe bot: Ich bin ein Menschenkind und kein Vieh[1]). Der große Menachem[2]) sagt: Ihr Israeliten seid Menschen, die übrigen Völker aber sind keine Menschen, weil ihre Seelen vom unreinen Geiste herkommen, Israels Seelen aber von Gottes heiligem Geist. Der Jalkut[3]) schreibt in demselben Sinn, die Israeliten würden Menschen genannt, die Abgöttischen aber (wozu natürlich auch die Christen gehören, weil sie „einen Götzen" verehren), kommen von dem unreinen Geist und werden Schweine genannt. Ein fremdes Weib, das keine Tochter Israels ist, lehrt auch Abarbanel[4]), ist ein Vieh.

Nach diesen Principien müssen die Menschen, welche nicht Juden sind, vor Allem aber abgefallene Juden, wie nach dem Talmud Jesus einer war, der zur Abgötterei abfiel und viele verführte[5]): alle diese müssen darauf verzichten, daß der Jude sie als seinen Nächsten anerkenne. Gegen das Thier übt man keine Nächstenliebe. Dem hartnäckigen Sünder gebührt sogar Strafe. Der Heide, der nicht Jude wird und der Christ, der Jesu treu bleibt, sind dem Juden auf seinem Standpunkt **Gottes Feinde und Feinde der Juden**. Der Talmud sagt darum, das Bibelwort, **Gott habe keinen Zorn** (Is. 27, 4) gelte von den **Juden**, und das andere Wort, **Gott zürne** (Nah. 1, 2) gelte von den Völkern der Welt[6]). Der Name Sinai, sagt der Talmud[7]), bedeutet, daß der Haß

---

[1]) Sira f. 8. 2. — [2]) L. c. f. 14. 1. par. 1. — [3]) Jalk. rub. f. 10. 2. — [4]) Matk. h. in p. tavo. — [5]) Aboda s. 26. 2. V. und oben B. 7. — [6]) Tr. aboda s. f. 4. 1. — [7]) Tr. schab. f. 89. 1.

auf die Völker der Welt herniedergestiegen ist. Darum sagt der Talmud[1]), „von allen Völkern gilt: Du sollst ihnen keine Gunst erweisen." Und anderswo[2]): „es ist verboten, sich zu erbarmen über einen Menschen, der unverständig ist." So auch Rabbi Gerson[3]): „dem Rechtschaffenen steht es nicht an, sich zu erbarmen über die Bösen;" und Abarbanel[4]): „es ist nicht recht, seinen Feinden Barmherzigkeit zu erweisen." So ist es den Gerechten, den Freunden und Verwandten Gottes auch nach dem Talmud erlaubt, die Gottlosen zu betrügen, weil geschrieben stehe: gegen den Reinen zeigst du dich rein und gegen den Verkehrten zeigst du dich verkehrt[5]). Wie ein Mohr von allen Creaturen, sagt aber zum Ueberfluß noch Rabbi Elieser[6]), unterscheidet sich Israel von den Völkern der Welt durch seine guten Werke. Es ist darum, sagt der Talmud[7]), verboten, den Gottlosen zu grüßen; doch eine Perle ist der Ausspruch, der Mensch soll allezeit listig sein in der Furcht Gottes[8]); deshalb grüße man auch den Fremdling, der kein Jude ist, um des Friedens willen, um sich werth zu machen und keine Widerwärtigkeit zu haben[9]). Gleißnerei, sagt Bechai[10]), ist auf diese Weise erlaubt, daß der Mensch (d. i. Jude) sich gegen den Gottlosen (d. i. Nichtjuden) höflich stelle, ihn ehre und ihm sage, daß er ihn liebe: dies ist erlaubt, sagt Bechai, wenn der Mensch. d. i. der Jude, es nöthig hat und sich fürchtet (sonst ist

---

[1]) Tr. Jebam. f. 123. 1. pisk. Tos. 23. — [2]) Tr. Sanh. f. 92. 1. — [3]) Zu 1. Kön. 18. 14. — [4]) Mark. ham. f. 77. 4. [5]) Tr. Baba b. f. 123. 1; tr. Megilla f. 13. 2. — [6]) Pirke cp. 53. — [7]) Tr. Gittin f. 62. 1. — [8]) Tr. Berach. f. 17. 1. — [9]) ib. und tr. Gittin f. 61. 1. — [10]) Kad. hak. f. 30. 1.

es Sünde); denn der Talmud ¹) lehrt: es ist erlaubt, gegen den Gottlosen in dieser Welt zu heucheln. Die Völker der Welt aber, alle Nichtjuden, sind Gottlose; denn alles Gute, was sie etwa thun, alles Almosen, das sie geben, alle Barmherzigkeit, die sie üben, sagt der Talmud ²), gilt für sie als Sünde, weil sie es nur thun, um sich groß zu machen. Selbstverständlich, denn alle Unbeschnittenen sind nach dem Talmud Heiden, Gottlose, Bösewichter ³), und die Beschneidung der Türken ist nach dem Talmud nicht die rechte ⁴). Darum mag der Jude den Gottlosen Gutes thun, ihre Kranken besuchen oder Todten begraben, wie der Talmud lehrt, aber — nur um des Friedens willen, daß sie ihm nicht wehethun ⁵).

2.

Vom Eigenthum.

a. Die Weltherrschaft.

Weil Israel und die göttliche Majestät nach dem Talmud dasselbe bedeuten, so gehört den Juden die ganze Welt. Darum sagt auch der Talmud ausdrücklich: „Wenn eines Juden Ochs eines Fremdlings Ochsen stößt, so ist der Jude frei; wenn aber eines Fremdlings Ochs eines Juden Ochsen stößt, so muß der Fremdling ihm den ganzen Schaden er-

---

¹) Tr. Sota f. 41. 2. — ²) Tr. Baba b. f. 10. 2. — ³) Tr. Nedarim f. 31. 2; pes. f. 92. 1. — ⁴) Tr. Aboda s. f. 27. 1. Tos. — ⁵) Tr. Gittin f. 61. 1.

ſetzen. Denn die Schrift ſagt: Gott ſtand und maß die Erde und übergab Iſrael die Gojim; er ſah die ſieben Gebote der Kinder Noe's, und weil ſie dieſelben nicht gehalten, ſtand er auf und übergab ihr Gut den Iſraeliten[1]." Kinder Noe's ſind nach Talmud und Rabbinen alle Völker der Welt im Gegenſatz zu den Kindern Abrahams[2]. Darum ſagt auch Rabbi Albo mit A., daß Gott den Juden Gewalt über Gut und Blut aller Völker gab[3]. Und es erklärt der Talmud[4]: Ein Kind Noe's, das weniger als einen Heller ſtiehlt, muß getödtet werden; und: Einem Kinde Noe's iſt das Rauben verboten, doch ob es gleich hohepriesterlich iſt, wenn das Kind Noe's die ſieben noachiſchen Gebote ſtudirt[5], ſo wird das Kind Noe's doch nicht beſſer vor dem Stehlen gewarnt, als wenn man es umbringt[6]. Dagegen einem Iſraeliten, ſagt der Talmud[7], iſt es erlaubt, einem Goi Unrecht zu thun, weil geſchrieben ſteht: deinem **Nächsten** ſollſt du nicht Unrecht thun, wo nicht geſchrieben: dem **Goi** ſollſt du nicht Unrecht thun. Die Beraubung eines Goi, ſagt der Talmud abermals, iſt erlaubt[8]. Und: „du ſollſt den Tagelöhner von deinen **Brüdern** nicht drücken; die **Andern** ſind ausgenommen[9]." Rabbi Aſchi, ſagt der Talmud, ſah eine Rebe mit Trauben und ſagte ſeinem Diener: wenn ſie einem Goi gehört, ſo bringe ſie mir; gehört ſie einem Juden, ſo

---

[1] Tr. Baba k. f. 37. 2. f. — [2] Tr. Megilla f. 13. 2; Schek. f. 7. 1; Sota f. 36. 2; Kad. hak. f. 56. 4; Bechai zu Gen. 46. 27 f. 56. 1. — [3] Seph. Jk. 3, cp. 25; it Jalk. Schim. zu Hab. f. 83. 3 n. 563. — [4] Tr. Jebam. f. 47. 2. — [5] Sanh. f. 59. 1; Aboda s. f. 3. 1. Tos. — [6] Tr. Aboda s. f. 71. 2. Tos. — [7] Tr. Sanh. f. 57. 1. Tos. — [8] Baba m. f. 111. 2. — [9] ib.

bringe sie nicht ¹). Das Gebot „du sollst nicht stehlen" bedeutet nach dem „Adler" Maimonides, daß man keinen Menschen, nämlich keinen Juden, stehlen solle²); und anderswo³) fügt er bei, daß man einen Nichtjuden stehlen dürfe. Ganz recht nach dem Grundsatz, daß den Juden die ganze Welt gehört: da ist das Stehlen kein Stehlen mehr; und wenn darum ein Talmudrabbiner auch sagt, stehlen sei Sünde, so muß er doch immer denken: ein Jude kann nicht stehlen, er nimmt bloß, was sein ist — natürlich, soweit es ihm möglich ist, soweit seine Gewalt reicht. Ein Rabbiner kann selbst sagen: einen Goi und einen Juden bestehlen, ist gleich unerlaubt; aber er muß denken: wenn vom Bestehlen eines Goi jemals Rede sein könnte. Pfefferkorn geht also nicht mit Unwahrheit um, wenn er schreibt: „Das Besitzthum der Christen gilt nach dem Talmud als verlassenes Gut, als der Sand am Meer; der erste Besitzergreifer ist der wahre Eigenthümer⁴)."

b. Der Betrug.

Der Talmud sagt: „Einen Goi darfst du betrügen und Wucher von ihm nehmen; wenn du aber deinem Nächsten etwas verkaufest, oder von ihm kaufest, so sollst du deinen Bruder nicht betrügen⁵)". „Wenn ein Jude mit einem Nichtjuden einen Prozeß hat," sagt der Talmud, „so läßt du deinen Bruder gewinnen und sagst dem Fremdling: so will es unser Gesetz (hier ist von einem Lande

---

¹) Tr. Baba k. f. 113. 2. — ²) Seph. miz. f. 105. 2. — ³) Jad. chas. 4, 9, 1; und Raschi zu Lev. 19, 11. — ⁴) Dissert. philol. p. 11. — ⁵) Tr. Baba m. f. 61. 1. Tos.; tr. Megilla 13. 2.

die Rede, wo die Juden regieren); wenn die Gesetze der Völker dem Juden günstig sind, so läßt du wieder deinen Bruder gewinnen und sagst dem Fremden: so will es euer eignes Gesetz; wenn keiner von diesen Fällen zutrifft (daß die Juden Herren im Lande sind oder das Gesetz für sich haben), so muß man die Fremden durch Ränke plagen," bis daß der Gewinn dem Juden bleibt; dann folgen „Worte R. Ismaels," wonach Akiba aber gelehrt habe, man müsse sorgen, bei der Affaire nicht entdeckt zu werden, damit das Judenthum, die jüdische Religion, nicht in Verruf komme[1]. Und von Rabbi Samuel, einem seiner größten Patriarchen, erzählt der Talmud, er sage, einen Goi zu betrügen, sei erlaubt; so habe er selbst von einem Goi eine goldene Flasche für 4 Drachmen gekauft, da der Goi sie für eine messingene hielt und eine Drachme (7½ Sgr.) habe er ihm überdies noch abgezogen. Rabbi Kahana aber habe von einem Goi 120 Fässer Wein statt 100 gekauft; ein dritter Rabbi habe einem Goi Palmbäume zu spalten verkauft und seinem Knecht befohlen: geh, nimm von den Stämmen etwas weg, der Goi weiß wohl die Zahl der Bäume, weiß aber nicht, wie dick sie sind[2]. Eine Vorschrift der heiligen Klugheit ist es wohl, wenn Rabbi Mose[3] sagte: „Wenn der Goi eine Rechnung macht und sich irrt, so spricht der Israelite, ich weiß es nicht; aber den Goi irren zu machen, geht nicht an, sofern der Goi wissentlich irren könnte, um den Juden zu erproben." Der alte Rabbi Brentz schreibt in seinem „Judenbalg[4]": „wenn die Juden eine Woche herumgelaufen und bald da, bald

---

[1] Tr. Baba k. f. 113. 1. — [2] ib. — [3] Seph. miz. g. f. 132. 3. — [4] S. 21.

dort einen Christen betrogen, so kommen sie am Sabbath zusammen und rühmen sich ihrer Bubenstücke und sagen: man soll nehmen den Gojim das Herz aus dem Leibe und todtschlagen soll man den Besten unter den Christen," — natürlich, wenn man kann.

c. Gefundene Sachen.

Der Talmud[1]) sagt: „Wer einem Goi das Verlorene wiedergibt, dem wird Gott nicht vergeben." Und [2]): „Es ist verboten, einem Goi das Verlorene wiederzugeben." Darum lehrt auch R. Mose[3]), den Ketzern und Abgöttischen und allen, die öffentlich den Sabbath entheiligen, das Verlorene wiederzugeben, sei verboten. Und der gefeierte Raschi[4]) erklärte: „Wer einem Goi das Verlorene wiedergibt, der macht ihn einem Israeliten gleich." Und der „Adler" Maimonides[5]) sagt: „Wer dem Nichtjuden sein Verlorenes wiedergibt, thut Sünde; denn er stärkt die Macht der Gottlosen." Und Rabbi Jerucham[6]) sagt: „Wenn ein Goi eines Juden Pfand in seiner Hand hat, worauf ihm der Goi Geld geliehen und der Goi verliert es und ein Jude findet es, so darf es dieser dem Goi nicht wieder zustellen; denn die Obligation hat ein Ende, weil ein Jude das Pfand gefunden hat. Wenn aber der Finder sagen sollte, ich will es dem Goi wegen des heiligen Namens Gottes wiedergeben, so soll man ihm sagen:

---

[1]) Tr. Sanh. f. 76. 2; Tr. Baba k. f. 113. 2. — [2]) Tr. Joma f. 88. 4. pisk. Tos. 62. — [3]) l. c. f. 132. 3. — [4]) Zu Tr. Sanh. l. c. — [5]) Jad. ch. 4. 11. 3. f. 31. 1. — [6]) Seph. mesch. 51. 4.

willst du Gottes Namen heiligen, so thu es mit dem, was dir gehört."

d. Wucherzins.

Gottes Gesetz verpflichtet die Wohlhabenden gegen Bedürftige bald zum Schenken (Almosen), bald zum Darlehngeben. Das Darlehn ist die Ueberlassung einer verbrauchbaren Sache zum Verbrauch, und der Borgende übernimmt die Pflicht, zur bestimmten Zeit für das verbrauchte Gut eine Sache von gleicher Art und Güte zurückzugeben. Es wäre ungerecht, wenn der Leiher von dem Borgenden, der durch den Verbrauch seine Güter nicht **vermehrte**, mehr als jenes Aequivalent zurückverlangen wollte; denn er gab nicht mehr als das Verbrauchte und ihm gehört nur, was er gab. Hier ein Plus verlangen, ist also Wucher. — Aber häufig tritt der Fall ein, daß durch den zeitweiligen Nichtbesitz des Darlehngutes den Leiher ein Schaden trifft oder daß er eine Gefahr riskiren oder auf einen Gewinn verzichten muß; letzteres kommt besonders bei Sachen vor, die fruchttragend sind, und dahin gehört in unsern Zeiten auch das Geld, welches durch den Handel und Verkehr sich mehrt und wächst. In diesen Fällen darf der Leiher, wo die Pflicht zum Almosen nicht drängt, mehr als das Aequivalent zurückverlangen, weil er mehr gegeben hat. Dieses Mehr ist ein gerechter Zins, so lange es in Verhältniß steht zu dem, was der Leiher an Schaden, Gefahr oder Früchteverlust wirklich zu tragen hätte; sonst ist es Wucher. So ist es ohne Frage vor Gott Wucher, wenn die Geschäfte z. B. 5 oder 6 pCt. als üblichen Zinsfuß haben und dennoch in gleichen Umständen darüber hinaus gefordert wird; denn der Leiher verlangt da mehr, als ihm nach dem Stande des Marktes sein Capital einbrächte, seine Forderung geht über die wirkliche Zeugungskraft des Capitals hinaus und nur die besondere Noth des Nächsten kann es sein, die ihn mit seiner Mehrforderung prosperiren läßt. — Für ein Plus, welches der Leiher mit dem Darlehngute gab, durfte nun der Jude von dem Juden wie von dem Fremden selbst= redend entsprechende Zinsen nehmen. Eine besondere in den Verhältnissen begründete Dispens war es, daß Gott den Juden kraft seines Obereigenthumsrechtes, — wodurch er ihnen auch Kanaan zum Besitze anwies — von Nichtjuden im alten Bunde ein Plus über das Aequivalent hinaus zu nehmen erlaubte für den bloßen Verbrauch der Sache, wo also neben der Sache selbst kein Plus dem Borgenden gegeben war; dabei verstand sich, daß dieses durch Dispens gestattete Plus im Verhältniß zu der geliehnen Sache, dem geleisteten Dienst und der Leistungs= fähigkeit des Fremden stehen mußte, weil sonst die Noth des Nächsten ausgenutzt worden wäre. Was sagt nun der Rabbinismus?

Mose erlaubte, wie gezeigt, für den bloßen Ver= brauch vom Nichtjuden (selbstredend nicht unbilligen) Zins zu nehmen: „Von dem Fremden darfst du Zins nehmen," Dt. 23, 20. Dagegen lehrt eine ganze Reihe der „unfehl= baren" Rabbiner, Mose habe gesagt: Du sollst von dem Fremden Zinsen nehmen. Der „Adler" Maimonides schreibt: „Gott hat uns befohlen, von einem Goi Wucher zu nehmen und erst dann ihm zu leihen (wenn er den Zins geben will), so daß wir ihm keine Hülfe lei= sten, sondern ihm Schaden zufügen sollen, selbst in einer Sache, worin er uns nützlich ist, während wir einem

Israeliten solches nicht thun sollen" (Seph. mizv. f. 73. 4). Das mosaische Wort Dt. 23, sagt ein anderer Rabbi, ist ein befehlendes Wort (Psikta rab. f. 80, 3 Teze). Desgleichen schreibt der Talmud: „Es ist verboten, den Gojim ohne Wucher zu leihen; aber auf Wucher ist es erlaubt" (Tr. Aboda s. f. 77. 1 pisk. Tos. 1). Levi b. Gerson (3. Pent. f. 234. 1 Teze) u. A. wiederholen dies. Von dieser wesentlichen Verdrehung der h. Schrift war es nur ein Schritt zur widerrechtlichen Emporschraubung des Zinsfußes in dem Fall des bloßen Verbrauchs wie in dem andern, wo der Leiher mit dem Darlehn auch ein Plus gegeben hatte. Der berühmte Bechai zeigt durch eine Aeußerung, daß man sich wohl bewußt war, Mose habe den unbilligen Zins verworfen, denn Bechai schreibt: „Die Rabbiner gesegneten Andenkens haben gesagt, man dürfe nur so viel Zinsen von dem Goi nehmen, als sein (des Juden) Lebensunterhalt es erheische" (3. Pent. f. 213. 4 Teze); aber besessen vom Geist des Widerspruchs und im Bewußtsein der eignen Unfehlbarkeit erklärte derselbe Mann über den abgefallenen Juden, somit über den Nichtjuden überhaupt, dem sich der alte Jude ja beigesellte: „Sein Leben ist in deiner Hand (o Jude), wie vielmehr sein Geld" (ib. 214. 1) — was offenbar die Schrankenlosigkeit des Zinsfußes, ja den Diebstahl und Raub legitimirt, da es schlechthin Gut und Blut preisgibt. Der Talmud sagt: „Samuel hat gesagt, daß die Weisen (die gelehrten Rabbiner) von einander auf Wucher leihen dürfen. Weshalb, da sie doch wissen, daß der Wucher verboten ist? Es ist (der Zins) ein Geschenk, das Einer dem Andern (zum Dank für das Geliehene) gibt. Samuel hat zu A. b. Ihi gesagt: Leihe mir 100 Pfund Pfeffer für 120 Pfund, denn es ist recht (als ein Geschenk zum Ausdruck der Dankbarkeit). Rab Jehuda spricht, daß der Rab gesagt, es sei dem Menschen (d. i. Juden) erlaubt, seinen Kindern und Hausgenossen auf Wucher zu leihen, damit sie den Geschmack des Wuchers schmecken mögen" (Tr. Baba m. f. 75. 1). Die Stelle redet nicht vom erlaubten Zins, da sie vom „Verbot des Wuchers" spricht, das Mose für Alle, die Lehrer nicht ausgenommen, gab; sie handelt also vom ungerechten Zins und zwar erstens für den Fall des **bloßen Verbrauchs**, wie das Beispiel vom Pfeffer zeigt; zweitens von dem über Gebühr hinausgeschraubten Zins, wie die 20 Procent beweisen; sie enthält eine dritte durch heuchlerisches Spiel mit dem Titel des Geschenkes begangene Sünde, weil Mose den Zins für bloßen Verbrauch unter Juden schlechthin, also auch unter Scheintiteln, kurz, weil er auch den verdeckten Wucher (das heimliche Sündigen) verboten hat. Die Stelle ist endlich eine perfid berechnete Erziehung zum Wuchern; denn wenn der **Rabbi dem Rabbi** „weil es recht und billig sei" unerlaubten Zins und zwar in jenen frühen Zeiten 20 Procent anbot, wieviel mehr werden sie den Kindern „Geschmack" beizubringen suchen, erst recht von dem „Fremden" in den Fällen des **bloßen Verbrauchs** wie in den übrigen ungerechten Zins zu nehmen, beispielsweise (wie es unlängst den Gerichten unerreichbar einem armen Tropf noch geschah) für 70 Thaler sich 100 Thaler quittiren und von den 100 noch 8 Procent bezahlen zu lassen. Da sich Rabbi Kroner l. c. 2, 37 damit tröstet, daß unsere heutigen Staatsmänner eine andere Meinung über den Zins haben, als die von mir vorgetragene, so findet er offenbar auch in dem genannten Beispiel keine Verkehrtheit, und man begreift um so eher, wie Juda das vom Talmud Baba m. 70. 2) angeeignete Wort Dt. 23 von beliebig hohen Zinsen verstehen und also übersetzen muß: „Du sannst (sollst) wuchern" (nicht: Zins nehmen). Dies drang denn auch dem Rabbinismus so in's Fleisch, daß der späte Abarbanel gar nicht darauf denkt, mit einem Neuern zur Verdeckung der ungerechten Schinderei zu sagen: Die Thora erlaubt ja das Zinsennehmen. Denn Abarbanel verheimlicht nicht, daß die Juden ihr Gesetz von beliebig hohen Zinsen verstehen, entschuldigt sich aber mit der Bemerkung: „Unter den Fremden, welche wir bewuchern dürfen, sind aber nicht die Christen zu verstehen, die ja dem himmlischen Vater keine Fremden sind" und — dann erklärt derselbe große Abarbanel, der einstige Finanzminister Spaniens, er habe indeß jene Worte, die Christen seien keine Fremde, „nur um des Friedens willen" gesprochen, damit die Juden friedlich, unangefochten unter den Christen leben könnten [1]. Wahrhaftig, er hat die Lehre von der erlaubten Gleißnerei gut studirt! Ein anderer Rabbi schreibt denn auch wieder rundweg: „Unsere Weisen haben die Wahrheit gesehen, da sie einem Israeliten erlaubten, von dem Christen-Goi Wucher zu nehmen [2]." Sollte also der convertirte Rabbi Schwabe Unrecht haben, wenn er meldet [3]: „Wenn ein Christ Geld bedarf, weiß der Jude ihn meisterlich zu hintergehen; er rechnet den Wucher zum Wucher, bis er die Summe so hoch gebracht, daß sie der Christ ohne Veräußerung seiner Güter nicht bezahlen kann; oder bis die Summe sich auf etliche 100 oder 1000 je nach dem Ver-

---

[1] Mark. hammisch, f. 77. 4 Tezc. — [2] Maggen Abrah. p. 72. — [3] Jüdischer Deckmantel S. 171.

mögen beläuft und der Jude zu rechten begehrt und bei der Obrigkeit anhält, daß er in die Güter des Christen eingesetzt werde."

e. Das Leben.

Der Talmud sagt[1]): „Den Rechtschaffensten unter den Abgöttischen bringe um das Leben" — versteht sich, wenn es möglich ist. Und einige Blätter vorher[2]): „Wenn man einen Goi, der in eine Grube fiel, herauszieht, so erhält man einen Menschen zur Abgötterei." Und der „Adler" Maimonides sagt[3]) ebenso: „Es ist verboten, sich des Abgöttischen zu erbarmen; deswegen, wenn man ihn sieht umkommen oder in einem Fluß untergehn, oder daß er dem Tode nahe ist, so soll man ihn nicht retten." Und Abarbanel sammt dem „Adler" sagt: „Wer ein Stück des jüdischen Glaubens leugnet, ist ein Ketzer und Epikuräer und man ist schuldig, ihn zu hassen, zu verachten und zu vertilgen, da gesagt ist: sollt ich die nicht hassen, Herr, die dich hassen?"[4]) Wer ein Thier tödten will, sagt der Talmud[5]), und tödtet (durch Versehen) einen Menschen, wer einen Heiden (eine andere Lesart: „Fremden") tödten will und tödtet durch Irrthum einen Israeliten, der ist straffrei. Es ist erlaubt, schreibt der Talmud[6]), den Glaubensleugner zu tödten. Wenn ein Ketzer und Verräther, lehrt abermals der Talmud[7]), in eine Grube fällt,

---

[1]) Tr. Aboda s. f. 26. 2. Tos. und Ven. Soph. 13. 3. —
[2]) Tr. Aboda s. f. 20. 1. Tos. — [3]) Jad. chas. 1. 10. 1. f. 40. 1. — [4]) Abarb. rosch. am. f. 9. 1.; Maim. zu Sanh. 121. 2. —
[5]) Tr. Sanh. f. 78. 2. — [6]) Tr. pes. f. 122. 2. Tos. — [7]) Tr. Aboda s. f. 26. 2.

o zieht man sie nicht heraus; wenn eine Treppe in der
Grube steht, so zieht man sie weg und spricht: ich thue es,
damit mein Vieh nicht hinabgehe; wenn ein Stein auf
dem Loch war, so legt man ihn wieder darauf und spricht:
ich thue es, damit mein Vieh darüber gehen kann u. s. w."
Es ist Recht, sagt der Talmud [1]), den Minaeer d. i. Ketzer
mit den Händen umzubringen. Wer das Blut der Gott=
osen (d. h. der Nichtjuden) vergießt, sagten die Rabbiner [2]),
bringt Gott ein Opfer dar. Da es sich nun von selbst
versteht, daß ein vermeintlicher Angriff auf Juda besonders
gottlos machen muß, so begreift man, daß mein Leben
doppelt verwirkt ist; unter dem Poststiegel von Hamm
schrieb mir ein jüdischer Anonymus, ich solle wie Haman
am Galgen sterben, und von Kreuzthal aus sandte mir
ein Jude die Drohung: Wir erachten es für ein gottge=
fälliges Werk, Dich aus dem Wege zu räumen; durch
unsere Hände sollst du von dieser Erde geschafft werden.
Das Gebot, du sollst nicht tödten, sagt ja auch der „Ad=
ler" [3]), bedeutet, daß man keinen Menschen von Israel
tödte: — Gojim, Kinder Noe's und Ketzer sind aber keine
Israeliten. Wer aber eine Seele aus Israel umbringt,
sagt der Talmud [4]), dem wird es angerechnet, als ob er
die ganze Welt umgebracht hätte; und wer eine israelitische
Seele erhält, als wenn er die ganze Welt erhalten hätte.
Darum schreibt der Talmud abermals und der „Adler"
hat es wiederholt: „Ein Kind Noe's, das fluchet, Abgötterei
begeht oder seinen Gesellen (ein Kind Noe's) umbringt oder

---

[1]) Ib. f. 4. 2. Tos. — [2]) Jalk. Schim. f. 245. 3. z. Pent.;
Bemidb. r. p. 21. f. 229. 3. — [3]) Jad. ch. 4, 1. f. 47, 1. —
[4]) Tr. Sanh. f. 37. 1. —

bei dessen Weibe war, ist frei, wenn es hernach den jüdischen Glauben annimmt; hat es aber einen Israeliten getödtet und wird ein Jude, so ist es schuldig und wird um des Israeliten wegen umgebracht [1])."

f. Das Weib.

Mose hat gesagt: „Du sollst nicht begehren deines Nächsten Weib," und, „wer die Ehe bricht mit seines Nächsten Weibe, ist des Todes schuldig." Der Talmud [2]) lehrt, Mose verpöne für den Juden bloß den Ehebruch an des Nächsten, d. h. des Juden Weibe, das Weib der Andern, d. h. der Nichtjuden, sei aber ausgenommen. Die Tosephoth des Talmud und der gefeierte Raschi (zum Pent. Lev. 20, 10) bemerken dazu, man lerne daraus, daß der Nichtjude keine Ehe habe. Dieser schändliche Grundsatz ist die natürliche Folgerung aus jenem andern, welcher dem Nichtjuden die Menschenwürde abspricht; denn die Ehe, ein sittliches Institut, besteht nur unter Menschen, bezüglich der Thiere spricht man bloß von Begattung. Die Rabbinen Bechai, Levi, Gerson u. A. haben dasselbe, so daß man aus vieler „Weisen" Munde nun weiß, der Jude glaube keinen Ehebruch zu begehen, wenn er eine Christin schände. Selbst der „Adler", sonst doch ein Philosoph, bemerkt: „Es darf Einer ein Weib in ihrem Stande des Unglaubens (d. h. eine Nichtjüdin) mißbrauchen" (Jad. chas. 2, 2 von den Königen num. 2. 3); in einigen Ausgaben soll dies aber weggelassen sein. Wer im Traume, meint der Talmud, seine Mutter (per coitum) schände, habe

---

[1]) Tr. Sanh. f. 71. 2; Jad. ch. 4, 10. f. 295. 2. — [2]) Tr. Sanh. f. 52. 2.

wegen Spr. 2. 3 („Eine Mutter sollst du die Weisheit nennen") Hoffnung auf Weisheit; auf Vertrautheit mit dem Gesetz, wer eine Verlobte, (wegen Dt. 33, 4); auf Erkenntniß, wer seine Schwester (wegen Spr. 7, 4) und auf das ewige Leben, wer das Weib des Nächsten schände [1]). Wird auch beim letzten Fall beigefügt, man solle nicht Abends vor dem Schlafen nach dem Weib begehrt haben, so liegt doch zu Tage, daß die Stelle wirklich zur Wollust erzieht. Denn haben jene schändlichen Dinge so großen Lohn, wie den genannten, so wird der Mensch doch lebhaft nach solchen Träumen begehren dürfen, was schon vor der Vernunft nicht Stand hält; er wird auch leicht denken, wenn der Traum solche Aussichten gebe, so werde die Wirklichkeit es noch mehr thun und talmudisch distinguirend auch wohl zu dem Schlusse kommen: wenn ich Abends die Sache nicht begehren darf, so darf ich sie jedenfalls ausführen, oder wenn ich es Abends nicht darf, so zu einer andern Zeit. Filia 3 annorum et diei unius, heißt es in Talmud, desponsatur per coitum; si autem infra 3 annos sit, perinde est, ac si quis digitum inderet in oculum (i. e. non est reus laesae virginitatis, quia signaculum judicatur recrescere sicut oculus tactu digiti ad momentum tantum lacrimatur) [2]). Sodann erzählt der Talmud [3]), daß einige seiner ersten Meister, Rabbi Rab und Nachman, öffentlich ausrufen ließen, wenn sie in eine fremde Stadt kamen, ob nicht ein Weib auf einige Tage ihre Frau sein wolle. Rabbi Elias erklärt im Talmud, er wolle trotz des Versöhnungstages viele Jungfrauen schänden, da ja die Sünde draußen vor der Thür des Herzens, das Innere

---

[1]) Berach. 57. 1. — [2]) Nidda 47. 2. — [3]) Tr. Joma 18. 2.

der Seele von den Bosheiten des Menschen unberührt bleibe[1]). Von Rabbi Elieser erzählt der Talmud, daß es keine H... in der Welt gäbe, die E. nicht gebraucht hätte; als er von einer hörte, die eine Kiste Gold verlange, nahm er die Kiste und reiste ihretwegen über sieben Ströme (das Uebrige ist gar zu garstig)[2]). Diese Stelle ist um so entsetzlicher, weil es am Schlusse heißt, Gott habe bei E.'s Tode vom Himmel gerufen, E. sei zum ewigen Leben eingegangen; da es nun kurz vor der Geschichte E.'s heißt, die Ketzer würden selbst umkehrend den Pfad des Lebens nicht finden, so ist die Moral aus dem Ganzen: bleibe nur hartnäckig Jude, so wird dir schließlich alles nachgesehen! Von Akiba, in der Synagoge „der zweite Mose" genannt, berichtet der Talmud: Da Akiba, einst ein Weib auf einer Palme sah, faßte er den Baum und stieg hinauf; aber es war Satan in Weibsgestalt, und Satan sprach: wenn man im Himmel nicht sagte, behutsam mit dem Akiba und seinem Gesetz zu verfahren, so würde ich dein Leben nicht für zwei Heller achten[3]). Dasselbe erzählt der Talmud von den Rabbinern Meir und Tarpon. Dabei ist aber zu bemerken, daß nach dem Talmud[4]) die Thaten der Rabbiner für eine Beobachtung des Gesetzes gelten. — Daß der Talmud nun auch viele Dinge enthält, die unter Christen unflähige Zoten, ärgerliche Reden und Späße genannt werden, läßt sich hiernach begreifen[5]); es vorzulegen, geht aber nicht an. — Was sagt aber die

---

[1]) Tr. Joma f. 19. 2. — [2]) Tr. Aboda s. f. 17. 1. — [3]) Tr. Kidduchin f. 81. 1. — [4]) Tr. Berach. f. 62. 1; Chagiga f. 5. 2. — [5]) Z. B. Tr. Sanh. f. 22; schabbath f. 149. 2; nasir f. 23; sota f. 10; moëd k. f. 18 u. s. w.

jüdische Frau dazu, wenn ihr Gemahl gar unter dem eigenen Dach zu einer anderen geht? Sie hat nach dem Talmud kein Recht, etwas zu sagen: Als Jochanan gewisse unnennbare Dinge überaus garstiger Natur für Unsittlichkeit erklärte, schrie man gegen ihn: Nein, das Gesetz ist nicht so, denn die Weisen haben gesagt: Alles, was ein Mann mit seinem Weibe thun will, darf er thun, wie mit einem Stück Fleisch, das kommt vom Metzger, das man essen kann gebraten, gekocht, geschmoren, oder wie mit einem Fisch, der kommt vom Fischer. Als Beleg wird dann ein Beispiel angeführt, wie eine Frau beim Rabbi klagte, von ihrem Mann sodomitisch behandelt zu sein, und wie der Richter geantwortet habe: Meine Tochter, ich kann dir nicht helfen, das Gesetz (das talmudische selbstredend) hat dich preisgegeben. Diese schändliche Lehre findet sich nicht blos im alten Talmud, sondern auch im neuen Amst. 1644 ff., Sulzbach 1769, Warschau 1864 im Tr. Nedarim f. 20. 2. Und Sanh. 58. 2 wird die Sache in denselben Ausgaben kurz wiederholt mit der auf eine falsche Bibelauslegung basirten ebenso schändlichen Zugabe, der Jude dürfe in der genannten Weise machen, was er wolle, der Noachide aber d. h. der Nichtjude dürfe nur das Weib eines andern Noachiden sodomitisch behandeln. Die öffentlichen Gebete in der Synagoge verlangen ferner nach dem Talmud Tr. Megill. 23. 2 die Gegenwart von 10 Männern; neun Männer und eine Million Weiber machen die Versammlung nicht vollständig, Gottes Gegenwart fehlt, denn das Weib ist nichts (Drach, harmonie 2, 335, Paris 1844). Wenn die jüdische Frau also der Sodomie sich preisgeben muß, so hat sie gewiß kein Recht, zu klagen, wenn ihr Eheherr zu einer Goja geht, zumal ja die Schändung einer

Goja oder Nichtjüdin niemals für den Juden Ehebruch sein kann Hat also die Kirche allein auf Grund der jüdischen Schriften nicht volle Ursache gehabt, christlichen Mädchen den Dienst bei Juden zu verbieten? Und sollte man die so häufige Entehrung christlicher Jungfrauen durch Judenburschen nun noch unerklärlich finden? Die Bemerkung Rabbi Kroners, daß Juda wenige illegitime Kinder für die Statistik liefere, dürfte jetzt nicht minder zu ihrem wahren Werth gelangen. Während der Talmud nämlich eine Sache à la Rabbi Rab gestattet, doch aber die Zusammengehörigkeit der Familie geachtet wird, so ist die Sodomie das talmudisch erlaubte Mittel, die à la Rab Erwählte, wenn sie Jüdin ist, vor Kindern, die Familie vor Fremdlingen zu bewahren. Dies auf jüdischer Seite und bei Nichtjuden eine angestammte Abneigung, sich mit einer Jüdin Werk zu machen, ergibt wichtige Ursachen, weshalb die Statistik wenig von illegitimen Judenkindern spricht. Der Jude weiß die mißbrauchte Jüdin vor der Mutterschaft zu hüten und die Kinder, welche eine Goja d. h. Nichtjüdin von einem Juden empfing, zeichnet die Statistik nicht auf den Namen des Juden. Ich kenne Juden, welche aus ihrer persönlichen Erfahrung diese Dinge zu bestätigen in der Lage sind. Es dürfte sich aus den beigebrachten Stellen aber weiterhin ergeben, daß die Sittlichkeit des nichtjüdischen Weibes vor der Jüdin nicht deshalb in Schatten treten kann, weil von illegitimen Geburten einer Jüdin selten Rede ist; denn durch den Talmud und also, da nach dem Reformrabbi Kroner selbst der Talmud gar die Bibel conserviren soll, durch eine heilige Autorität den widernatürlichen Lastern unterworfen, hat die Jüdin auch auf dem Lande und in den Provinzen keinen Grund ihr Geschlecht über dasjenige der nichtjüdischen Bevölkerung zu erheben. Thatsächlich belegt dies das Leben unserer großen Städte, für deren Lasterbuben das relativ größte Contingent, dort sich offen zeigend wie sie ist, die Jüdin stellt. Denn ein israelitisches Blatt unserer Tage schreibt: „Seit 25 Jahren und länger schon bemerkt man, daß unter den Dirnen der großen Städte Europa's mehr Jüdinnen als Christinnen sind. Zu Paris, London, Berlin, Hamburg, Wien, Warschau, Krakau sieht man aus der sog. Demimonde auf den öffentlichen Plätzen und in den Häusern der Prostitution in Verhältniß zu der Bevölkerung mehr Jüdinnen als Christinnen. Das ist sehr traurig, aber wahr[1]." Doch genügt es nach demselben Blatt, israelitisch zu bleiben, um ein Recht auf Nachsicht zu haben. „Fräulein J. F. hatte sich der Bühne gewidmet; ihre Exequien waren israelitisch, wie es ihre Seele stets gewesen, und wenn sie gleich so vielen Damen den Lockungen nachgab, die an ihrer Carriere haften, so hat sie doch fromm die häuslichen Traditionen bewahrt u. s. w.[2]" Wenn diese Enthüllungen in den letztgenannten Aussprüchen des Talmud eine Erklärung finden, so ist das Bewußtsein, vom Blute des auserwählten Volkes zu sein, geeignet, den Ausspruch Cerfbeer's zu verdeutlichen: „Die Jüdin verleugnet weniger als andere Weiber den Charakter ihres Geschlechtes. Sie ist herrisch, schwach, leichtgläubig, zänkisch, verläumderisch. Sie verachtet tief die Christinnen und tadelt die Jüdinnen. Sie ist feinfühlend und nobel; die Liebe ist eine Tugend, die sie mehr übt als die Demuth

---

[1] Archives israélites 15, p. 711; 1867. — [2] Ib. 2, p. 523; 1868.

und den Gehorsam. Wenn sie den ersten Familien angehört und eine sorgfältige Erziehung erhielt, macht sie die Ehre eines Salons mit seltener Auszeichnung, mit Geist und Würde [3];" „auf dem Ball und in der Abendgesellschaft," fügt ein jüdisches Blatt bei, „zeichnen sich die israel. Damen, Prinzessinnen vom Stamme Davids, durch den Reichthum und die Pracht ihrer Toiletten aus [4]."

3.

Der Eid.

Die Israeliten haben sich wiederholt beklagt [5], daß man ihren Eid gegen Nichtjuden mißtrauisch ansehe, und einzelne christliche Gelehrte haben sich zu einer mildern Auffassung geneigt. Es wäre mir lieb, folgen zu können; doch meine Ueberzeugung ist leider eine andere.

Faßt man die Sache zunächst principiell, so hat ein zuverlässiger Eid im System des Rabbinismus gar keinen Platz. Denn was soll der Eid gegen ein Thier? Er ist ein Unding; denn der Eid ist das letzte Mittel, einen Streit zwischen Menschen beizulegen. Muß also der Talmudjude einen Eid für oder gegen den Christen schwören, so nöthigt man ihn zu einem Unsinn, den er aus sich selbst nie begehen würde, man zwingt ihn, ein Wort zu sprechen, das er für eine Phrase, einen leeren Schall zu halten berechtigt ist, das somit keine Folgen für sein Gewissen hat. Ferner: wenn der Talmud Gut und Blut des Nichtjuden als Eigenthum des Juden erklärt, wie kann der Nichtjude

---

[1] Les Juifs. p. 49 ff. Paris 1847. — [2] Univers isr. 7, 295; 1867. — [3] Arch. isr. 15. Dec. 1866.

über Mein und Dein jemals mit dem Juden streiten? Der Jude hat auf dem rabbinischen Standpunkt das Recht, zu nehmen, was ihm erreichbar ist: es ist sein Eigenthum. Wie aber kann ich schwören oder auch nur einfach erklären: mein Geld ist dein Geld, wenn ich von meinem Eigenthumsrecht überzeugt bin? Zwingt mich Jemand, eine solche Erklärung oder gar einen solchen Schwur abzulegen, so werde ich, wenn meine Willensstärke meiner Erkenntniß nicht nachsteht, sagen: lieber sterben, als diese Unredlichkeit begehen! Gebe ich aber, aus Schwäche die Furcht vor Schaden über die Wahrheit stellend, die verlangte Erklärung, so werde ich denken: das Geld ist dennoch mein, ich werde es wiedernehmen, wo ich kann, quia res clamat domino. Folglich ist jener Eid, jene Erklärung null und nichtig.

Sodann finden sich im Talmud mehrere Beispiele der angesehendsten Rabbiner, welche als thatsächliche Lehre für den Talmudjuden gelten müssen. Rabbi Akiba schwur einen Eid und dachte im Herzen, er sei nichtig[1]). Rabbi Jochanan schwur einer vornehmen Frau wegen eines Geheimnisses: dem Gotte Israels — nicht will ich es offenbaren d. h., wie es die Frau wegen Gottes der Belehrung nicht bedürftigen Allwissenheit nehmen mußte, Gott zu Ehren (oder Bei Gott!) will ich es verborgen halten; und er dachte bei sich: aber seinem Volke Israel will ich es offenbaren[2]). Ueber dieses Vernichten des Eides in Gedanken stellen aber die Rabbiner den Grundsatz auf, es sei erlaubt, wenn man zum Eide gezwungen werde[3]). Hält also die christliche Obrigkeit den Talmudjuden zum Eide an, so kann

---

[1]) Tr. Kalla f. 18. 2. — [2]) Tr. Aboda s. f. 28. 1; Joma f. 84. 1. — [3]) Schulch. a. Jore d. n. 232. § 12. 14.

man in Rücksicht auf die erörterten Principien nicht umhin, zu denken, der Jude erachte sich wegen Zwang nicht verpflichtet, die Wahrheit sagen. Wenn ein König, sagt das zuletzt angezogene Buch, Befehl gibt, zu schwören und von einem andern Juden zu sagen, ob derselbe sich mit einer Goja versündigte, um denselben mit dem Tode zu bestrafen, so wird dieser Eid ein gezwungener genannt und muß im Sinne vernichtet werden[1]). Ein anderer Rabbiner sagt[2]): Wenn ein Fürst einen Juden schwören läßt, daß er nicht aus seinem Lande gehen wolle, so soll der Jude denken: Heute (will ich nicht gehen); wenn aber der Fürst deutlich verlangt, daß er niemals herausgehen soll, so soll der Jude denken: unter der und der Bedingung. Ausdrücklich wird dann weiter gelehrt[3]): „Dieses alles gilt nur, wenn man den Eid übertreten kann, ohne daß der Abgöttische es erführe; wenn es aber der Abgöttische erfahren könnte, so ist es wegen der Eintheilung des Namens Gottes verboten; deshalb ist auch Zedekias bestraft worden, weil er seinen dem Nebukadnezar geleisteten Eid übertrat, wiewohl der Eid ein gezwungener war." Wenn der Jude mitunter auf die treue Haltung seines Soldateneides pocht, so könnte man ihn demnach erinnern, daß dem „Abgöttischen" der Bruch eines solchen Eides überaus leicht in Erfahrung zu bringen wäre; urgiren ja überhaupt doch die Rabbinen, das heimliche Sündigen sei wohl erlaubt, man müsse sich aber hüten, entdeckt zu werden, damit die jüdische Religion, das Judenthum, bei der Affaire nicht blamirt werde (Chagiga 16; Kidd. 40; Maim. Jad. ch. 4, 11 f. 31, 1; Mose. Mikk.

---

[1]) Schulch. a. Jore d. n. 252 § 12. 14. — [2]) Scheel uteschuvoth f. 25. 2. — [3]) Sch. ar. jore l. c.

seph. miz. gad. f. 132 u. v.; vgl. Baba K. 113). Ferner lehrt eine Reihe jüdischer Bücher, daß der Jude fest glaube, es würden ihm am Versöhnungstage alle Sünden vergeben, auch die schwersten und darunter die falsch geschwornen Eide, ohne daß hierbei von irgend einer Pflicht der Restitution die Rede ist [1]); auch der Christ glaubt an die Vergebung der Sünden, aber er weiß, daß die unerläßliche Bedingung die Restitution des Eigenthums und die Wiederherstellung der beschädigten Ehre des Nächsten ist.

Die genannten Momente haben auch den bezeichneten christlichen Gelehrten ihre Bedenken freilich nicht genommen; nur schlugen sie vor, den unter furchtbaren Flüchen üblichen Synagogeneid ablegen zu lassen, weil dies doch den einigermaßen Empfänglichen von dem Meineid zurückhalten werde. Das läßt sich in der That hören. Aber consequent muß ich mir dennoch sagen: wenn ich das Lehrgebäude des Rabbinismus für wirklich göttlich hielte, so würde ich glauben, folgerichtig zu handeln, ja ich würde mich für verpflichtet halten, den mir aufgenöthigten Eid im Geiste zu vernichten. Denn wer hat ein Recht, von mir den Eid zu fordern, mein Haus sei nicht mein Haus? Ich würde Gott durch eine Lüge beleidigen, wenn ich es einräumte; und da ich als Rabbinist nach Akiba's des „zweiten Mose" Beispiel den weitgedehntesten geistigen Vorbehalt machen dürfte, nun, so würde ich schwören, was man begehrte und das Gegentheil denken. Oder es handelt sich um der Güter Höchstes, das Leben, so dürfte ich als Talmudjude des Mordes eines Nichtjuden bezüchtigt schwören, es sei

---

[1]) Midr. tephill. zu Pf. 15. f. 13. 2; Jalk. Schim. (Psalmen) f. 94. 4. n. 665; Jalk. chad. f. 121. 1, 3. n. 1. 11; Kad. hakk. f. 43. 4; Seph. Chas. f. 4. n. 20. u. a.

kein Mensch erschlagen worden und denken: ein Thier ist getödtet. Solche Eide mögen feierlich oder privat abgelegt werden, für den urtheilsfähigen Mann der Consequenz bleibt sich das gleich.

Einige andere Punkte berühre ich nur obenhin, weil das Gesagte schon genügt. So haben die Israeliten folgende besondere Gebetsübung am Versöhnungstag, die aber von der erwähnten Generalvergebung verschieden ist. „Alle Gelübde und Verbindlichkeiten" — heißt das Gebet —, „Strafen und Eide, welche wir von diesem Versöhnungstag bis auf den folgenden geloben und schwören und zusagen, die sollen aufgelöst, erlassen, vernichtet, unkräftig und ungültig sein. Unsere Gelübde sollen keine Gelübde und unsere Schwüre keine Schwüre sein." Dieser Act wird auf feierliche Art am Abend des Festes vorgenommen; der Vorsteher, assistirt von 2 der ersten Rabbiner, spricht das bezeichnete Gebet, nachdem alle drei mit heller Stimme eine solenne Einleitung im Namen Gottes gesprochen haben [1]. Außerdem kann ein Israelit zu jeder Zeit, wenn er einen Eid geschworen, der ihm leid geworden, zu einem Rabbiner oder drei gewöhnlichen Männern gehen und von seinem Schwur entbunden werden [2]. Nun bemerken mehrere jüdische Schriften, diese beiden Uebungen bezögen sich nur auf übereilte Gelübde und Schwüre in Betreff der eignen Person, nicht bezüglich Anderer. Dem möchte ich gern beistimmen. Aber die große Feierlichkeit des Vorgangs am Versöhnungstag nöthigt mich, an der Wahrheit dieser Aussage zu zweifeln. Dazu kommt, daß convertirte gelehrte

---

[1] Machsor Prag. II. f. 91. a. — [2] Seph. mizv. gad. f. 70. 1.

Juden bis in die Gegenwart behaupten, die Entschuldigung sei leere Ausrede. Die Conversion dieser Männer kann doch kein Grund sein, ihnen nicht zu glauben, es muß im Gegentheil als eine Pflicht erkannt werden gegen die Gesellschaft, Grundsätze, welche ihren Anschauungen verderblich widersprechen, aufzudecken. Johann Schmidt gehört zu jenen und erinnert, daß die Rabbiner im Talmud selbst Gott von seinen Eiden absolviren zu können meinen. Auch Brenz mit andern und zuletzt der obscur gescholtene, aber hoch begabte und gelehrte[1]) Drach[2]) berichten so.

4.
Die Christen.[3])

Da Jesus von Nazareth nach jüdischer Lehre nicht Gott, sondern ein Geschöpf, ein bloßer Mensch war, so sind die Christen in den Augen eines Juden nothwendig Heiden oder Götzendiener. Denn Götzendienst besteht darin, daß man einem Geschöpf göttliche Ehre erweist; sind auch die verschiedenen Formen des Götzendienstes dem Grade nach sittlich verschieden, die einen reiner als die andern, der alte persische Götzendienst z. B. etwas weniger abscheulich als der kanaanitische, so ist doch unmöglich, irgend eine Religion, die einem Geschöpf göttliche Ehre erweist, nicht heidnisch, nicht götzendienerisch zu nennen. Von die-

---

[1]) S. Rosenthal, Convertitenbilder 3, 1. — [2]) Lettre 2e d'un rabbin cet. p. 82 sq., Paris 1827. — [3]) Das C. 1 vom Nächsten Gesagte zeigt zur Genüge, daß die Grundsätze gegen Nichtjuden auch gegen die Christen gelten; dieser 4. Abschnitt soll nur zur Bestätigung dienen.

sem Standpunkt aus begreift Jeder, daß die Christen nicht ausgenommen sind, wenn in den jüdischen Büchern allgemein, wie in den bisan vorgeführten Stellen, von Gojim, d. i. Heiden, gesprochen wird, sowie, daß die verblümte Benennung der Christen mit Namen heidnischer Völker, die gar nicht mehr existiren, ganz in dem Wesen der jüdischen Lehre begründet ist. So wird denn auch von dem alten Rabbi Zevi berichtet, daß er den Christen, nachdem er die Thatsache, sie würden von jeher und immerfort Gojim u. s. w. genannt, vergebens in Abrede gestellt hatte, einzureden suchte, Goi sei gar kein Schimpfwort; dieser Versuch wurde bald dadurch beseitigt, daß man den ersten besten Israeliten mit Goi anredete: der Israelit verstand das aber und verbat sich mit größtem Unwillen solche Benennung. Beachtenswerth ist auch, daß die neueste Warschauer Edition des Talmud (1863 ff.) das Wort Goj der alten Ausgaben auffällig meidet und durch ein anderes umschreibt.

Wenngleich nun der Talmud [1]) die Christen einmal, wie oben bezüglich der Perser und Kanaaniter gesagt, von den übrigen Heiden unterscheidet und dies in einem Zusatz des 12. Jahrh. noch wiederholt [2]), so sind sie ihm doch wahre und wirkliche Gojim, Heiden, Götzendiener. So sagt der Talmud [3]), zu den Festtagen der Götzendiener gehöre auch der erste Tag der Woche, der Tag des Nazareners, d. i. der christliche Sonntag. Daß der Nazarener

---

[1]) In diesem Abschnitt ist der alte Talmud gemeint. — [2]) Tr. Choll. f. 13 2 und Tos. h. l. f. 2. 1; Aboda s. 1. 1. Tos. — [3]) Tr. Aboda s. f. 2. 1 u. f. 6. 1; f. 7. 2.

im Talmud „der Sohn des Tischlers" heißt ¹), stimmt mit der Benennung, welche der Herr nach Mt. 13, 55 bei seinen Lebzeiten von den Juden erhielt. Daß sein Name im Talmud ferner ²), zu einem Worte verstümmelt wird, das die Bedeutung hat: „Sein Name und Gedächtniß werde vernichtet," stimmt mit der früher genannten Talmudlehre, daß der Jude (wenn er kann) die Ketzer, welche den jüdischen Namen verlassen, ausrotten soll; Jesu Name und Gedächtniß kann aber nicht ausgerottet werden ohne die Vertilgung der Christen. Daß der Talmud Christum einen Abgott oder Götzen ³) nennt, hat zur Folge, daß die Christen Götzendiener sind, weil sie ihre größte Ehre darin setzen, Jesu getreu zu dienen. Daß Christus aber selbst nach dem Talmud ⁴) Zauberei und Abgötterei trieb, macht die Christen doppelt abgöttisch; daß Christus ein Narr ⁵) gescholten wird, stimmt mit der Behandlung des Herrn vor Herodes, wie er als Zauberer auch von seinen Zeitgenossen bezeichnet wurde, da sie erklärten, er habe einen Bund mit dem Teufel. Daß der Talmud ⁶) Christum den Gottlosen und Gottvergessenen nennt, beweist, daß die Christen als Verehrer des Gottlosen nicht minder Gottlose sind. Weil also von dem besten der Gojim unter Anderm gesagt ist, man solle selbst ihn todtschlagen (wenn man könne), so wissen wir, daß die Christen ganz und gar dazu gehören; Raschi ⁷) nennt auch ohne Umschweife das Kind beim Namen: „den Besten unter den Christen muß man erwürgen." Und damit der Talmud den Seinigen tief

---

¹) ib. f. 50. 2. — ²) Tr. Aboda s. f. 17. 1. — ³) Tr. Aboda s. f. 27. 2. — ⁴) oben l. c. — ⁵) Tr. Schab. f. 104. 2. — ⁶) Tr. Sanh. f. 105. 1. — ⁷) Zu Exod. 14. ed. Am. 7a; in der ed. Ven. heißt es: „unter den Ketzern".

einpräge, daß er die Christen meine, sagt er ein ander Mal: Ein Goi, der im Gesetz studirt, ist des Todes schuldig [1]). Denn das Gesetz kann dem Goi nur gestattet werden, wenn er durch die Beschneidung Jude wird; Jeder weiß aber, daß die Christen von Anfang an das Gesetz Mose's studirten. Wenn einige Rabbiner einwerfen, der Talmud [2]) sage aber auch, ein Goi, der im Gesetz studire, sei dem Hohenpriester gleich, so erklärt der Talmud [3]) selber, daß hier das Gesetz der 7 Gebote Noe's verstanden werde, abgesehen davon, daß Widersprüche des Talmud nur beweisen, der Talmudgläubige dürfte zu Werke gehen, wie es ihm eben auskomme. Ausdrücklich heißt es dem auch im Talmud wieder [4]): „die Christen sind Götzendiener; doch ist es erlaubt an ihrem Feiertage, dem ersten Tage der Woche, Handel mit ihnen zu treiben." Einige Blätter weiter [5]) geschieht des christl. Gottesdienstes, der Priester (als rasi), Kerzen und Kelche Erwähnung und wird Alles Götzendienst genannt. Weiter [6]) wird gefragt, ob der Jude den Heiden, unter denen er zur Zeit lebe, Häuser vermiethen dürfe und die Antwort ist: „ja, denn sie bringen ihren Abgott nicht in das Haus zum bleibenden Aufenthalt, sondern bloß, wenn Jemand sterben will," oder, „wenn [7]) Jemand krank ist" und ausdrücklich heißt es dabei: „alle Völker ohne Unterschied sind Götzendiener [8])." — Die spätern Rabbiner denken nicht anders. Raschi [9]) sagt: Ein Nazarener ist, wer die Irrlehre jenes Menschen annimmt, der den Seinigen vorschrieb, den ersten Tag der Woche zu heiligen. Der

---

[1]) Tr. Sanh. f. 59. 1. — [2]) l. c. — [3]) Tr. Aboda s. f. 3. 1. — [4]) Tr. Aboda s. f. 2. 1. — [5]) ib. f. 14. 2. — [6]) ib. 21. 1. — [7]) ib. f. 83. 4. — [8]) Tr. Aboda s. f. 26. 2. — [9]) Zu Tr. Aboda s. f. 6. 1.

„Adler" Maimonides ¹) schreibt: „Die Christen, welche Jesu nachirren, obwohl sie in der Lehre Verschiedenheit haben, sind alle zumal Götzendiener und man muß **nach der eigenen Erklärung des Talmud** mit ihnen verfahren, wie man mit den Götzendienern verfährt." Der „Adler" sagt also ehrlich heraus, was wirklich im Talmud steht. Und anderswo sagt er ²): „Die Edomiter (= Christen) sind Götzendiener, der erste Tag der Woche ist bei ihnen ein heiliger Tag." Der berühmte Kimchi weiß sogar, weshalb speciell die Christen in Deutschland zu der schlimmsten Sorte von Heiden, zu den Kanaanitern, gehören. „Die Einwohner von Deutschland," sagt er ³), „sind Kanaaniter; denn als die Kanaaniter vor Josua flohen, gingen sie in das Land Allemannia, welches Deutschland genannt wird; und werden die Deutschen noch heutigen Tages Kanaaniter genannt." Und anderswo sagt er: „Die Christen sind Abgöttische, weil sie vor dem Kreuze niederfallen ⁴)."

Weiterhin nennt der Talmud Christum einen abtrünnigen Juden ⁵). Und der „Adler" schreibt ⁶): „Es ist geboten, die Verräther Israels und Ketzer (Minim), wie Jesus von Nazareth und seine Anhänger (einige Ausgaben: wie Zadok und Baithos und deren Anhänger), mit der Hand umzubringen, und in die Grube des Verderbens zu stürzen." Die Lehre Jesu von Nazareth, sagt auch der neue Talmud ⁷), ist eine Ketzerei; Jakobus, sein Jünger, ist ein

---

¹) Zu Abedu misch. 3, f. 78, 3. — ²) Jad. ch. hilch. abod. s. 9, 4 ed. Ven. 1550. — ³) Zu Obdj. 1, 20. — ⁴) Zu Jes. 2, 18, 20. — ⁵) Tr. Gittin 57, 1. — ⁶) Jad. ch. hilch. Ab. s. cp. 10. — ⁷) Tr. Aboda s. f. 17, 1.

Ketzer, heißt es abermals[1]) und anderswo auch im neuen Talmud werden die Evangelien Bücher der Ketzer genannt[2]). Die Christen, lehrt Abarbanel, sind Ketzer, weil sie glauben, daß die Gottheit Fleisch und Blut sei[3]). Wer sagt, Gott habe einen Leib angenommen, ist ein Ketzer auch nach dem „Adler"[4]). „Die Ketzer sagen," schreibt der alte Nizzachon S. 47, „daß Num. 17. 8 (was man indeß nur anwandte) auf die Charja (stercus) das heißt — wie es wörtlich dort steht — auf die Maria gehe, die Jungfrau gewesen sei, da sie Jesum geboren habe; es zerberste ihr Geist." Und S. 70 lehrt dasselbe Buch über Jer. 31, 41: „Hier sagen die Ketzer, der Prophet habe dies auf Jesus geweissagt, der ihnen die schändliche Taufe statt der Beschneidung und den ersten Tag der Woche statt des Sabbath einsetzte." R. Lippmanns Nizzachon sagt n. 76: „Die dritte Gattung der Ketzer lehrt, daß Gott einen Leib und eine Gestalt habe." So noch viele Rabbiner. Wenn ein Jude Gewalt habe, sagt ein jüdisches Rechtsbuch[5]), soll er die Ketzer öffentlich tödten, sonst unter einem Vorwand; mit gewaltthätiger Hand, sagt der Talmud[6]), darf man sie tödten. Indem aber der Talmud von den abscheulichsten Lastern wie Mord, Unzucht, Päderastie und Bestialität handelt, wirft er diese und zwar allgemein unleugbar auch den Christen vor[7]): das stimmt allerdings

---

[1]) ib. f. 27. 2. — [2]) Tr. Tchab. f. 116. 1. — [3]) Mark. hammisch. f. 110. 3. zu Dt. 32, 21. — [4])Hagg. Maim. Meir's Hilch. Seschufa c. 3. — [5]) Arba Tur. Jore deah 4, 158. f. 35. 4 und chosch. ham. f. 138 1, 2. — [6]) Tr. Aboda s. f 4. 2. Tos. — [7]) Vgl. mit Aboda s. f. 25. 2; f. 26. 1; ab. s. T. Jerus. f. 40. 3 die Tos. zu Abod. s. f. 2. 1 initio; f. 14. 2 med.; f. 21. 1 fin.; f. 81. 4 med.; f. 83. 2 fin.; Raschi zu Abod. s. f. 15. 2 und A.

mit dem talmudischen Urtheil, die Christen seien einfach Gottlose.

5.
Die Excommunication.

Das Gesetz des Talmudjuden haben wir kennen gelernt. Da es einer jeden Gemeinschaft insbesondere einer religiösen im Interesse der Selbsterhaltung geboten ist, widerspenstige Mitglieder, welche dem Gesetz nicht dienen wollen, auszuschließen, so hat auch das conservative Judenthum des Talmud und der Rabbinen seinen Bann. Gerade in unsern Tagen, wo die liberale und jüdische Welt nicht genug zu reden weiß von der Excommunication der katholischen Kirche, lohnt es sich doppelt, die Weisen des jüdischen Kirchenbannes ihren Hauptzügen nach kennen zu lernen.

Unter den Ursachen [1], weshalb man dem Bann verfällt, verdienen folgende Erwähnung. Gebannt wird, wer einen Rabbi verachtet und wäre es auch nach des Rabbi Tode; gebannt wird, wer die Worte der Rabbiner und des Gesetzes verachtet; gebannt wird, wer Andere von der Haltung des Gesetzes abhält; gebannt wird, wer seinen Acker einem Nichtjuden verkauft; desgleichen, wer vor einem nichtjüdischen Gericht Zeugniß wider seinen Glaubensgenossen ablegt u. s. w.

Der Bann hat aber drei Grade; der dritte ist indeß schon lange außer Uebung gekommen und wir beschreiben

---

[1] Schulchan a. joreh. deah num 334; vgl. choschem ham. n. 28; Talm. Baba k. 113 b.

deshalb die beiden ersten, welche Niddui und Cherem heißen.

Der unterste Grad, Niddui, bewirkt[1]), daß der Gebannte von Andern abgesondert leben muß, der Art, daß er mit Ausnahme von Weib und Kind und Hausgenossen Jedem auf 4 Ellen fern zu bleiben hat und sich in der Zeit des Bannes nicht scheeren und nicht waschen darf. Zehn Männer bilden, wie oben S. 94 bereits berichtet wurde, eine heilige Gemeinde; finden sich ihrer nur neun, so darf der Gebannte nicht den zehnten machen; kommt er in die Versammlung einer heiligen Zehn, so sitzt er in der Entfernung von 4 Ellen getrennt. Stirbt er im Bann, so läßt der Richter einen Stein auf den Sarg legen, um anzudeuten, der Verstorbene sei der Steinigung werth gewesen, weil er keine Buße gethan und aus der Gemeinde gestoßen ward. Deshalb auch betrauert man ihn nicht und gibt seiner Leiche kein Geleite, nicht einmal die leiblichen Eltern. Diesen Bann, der nach Umständen noch verschärft werden kann, darf selbst eine Privatperson verhängen. Er dauert 30 Tage und wird, wenn keine Besserung erfolgt, auf 60 und weiter auf 90 Tage ausgedehnt; zeigt sich aber auch dann keine Umkehr, so erfolgt der große Bann, welcher Cherem heißt.

Während der Niddui noch ein Zusammensein des Gebannten mit Andern in der Entfernung von 4 Ellen zuläßt, untersagt der Cherem[2]) jede Gemeinschaft. Der Gebannte darf weder mit Andern lernen,

---

[1]) J. deah l. c.; choschen ham. n. 11; Jad. Chas. hilch. talm. tora c. 6. 7; Reschith chok. c. 7. — [2]) ib. cf. Buxtorf lex. talm. n. 828.

noch Andere lehren; er darf mit Keinem essen oder trinken; Niemand darf ihm dienen oder Dienst von ihm annehmen; nur Speise darf man ihm verkaufen, daß er nicht sterbe. Der Cherem wird von wenigstens zehn Personen ausgesprochen. Die Sache geht mit großer Feierlichkeit vor sich; es werden Wachslichter angezündet, Hörner geblasen und grauenhafte Flüche über den Sünder ausgestoßen; ist die Handlung vollendet, so löscht man die Lichter aus, um anzudeuten, daß der Frevler nunmehr von dem Licht des Himmels ausgeschlossen ist. Die Bannformel[1]) des Cherem lautet also: „Nach dem Urtheil des Herrn der Herren sei im Bann N., der Sohn des N., in beiden Gerichtshäusern, im obern und im untern, im Bann der obern Heiligen und im Bann der Seraphim und Ophanim und endlich im Bann der großen und kleinen Gemeinden. Es sollen über ihn kommen große Plagen, große und schreckliche Krankheiten. Sein Haus sei eine Wohnung der Drachen. Sein Gestirn in den Wolken werde verfinstert; es sei gegen ihn zornig und grausam und grimmig. Sein Leichnam soll den wilden Thieren und Schlangen vorgeworfen werden. Freuen sollen sich über ihn seine Feinde und Widersacher. Sein Gold und Silber werde Andern gegeben nnd seine Söhne sollen in der Gewalt seiner Feinde sein. Ueber seinen Tag sollen sich entsetzen seine Nachkommen. Er werde verflucht durch den Mund Addirirons und Achtariels, durch den Mund Sandalphons und Hadraniels, durch den Mund Ansisiels und Patchiels, durch den Mund Seraphiels und Saganfaels, durch den Mund Michaels

---

[1]) Buxtorf l. c.

und Gabriels, durch den Mund Raphaels und Mescharetiels. Er sei gebannt durch den Mund Zaphzavifs und durch den Mund Hafhavifs, welcher ist der große Gott, und durch den Mund der 70 Namen des dreimal großen Königs, endlich durch den Mund Zortacks des Großkanzlers. Er soll verschlungen werden wie Kora und dessen Rotte. Mit Schrecken und Furcht soll seine Seele aus ihm gehen. Das Schelten des Herrn soll ihn tödten. Er möge erdrosselt werden wie Achitophel. Wie der Aussatz Giezi's sei sein Aussatz. Er soll fallen und nicht wieder aufstehen. Er soll nicht begraben werden in dem Begräbniß Israels. Sein Weib werde Andern gegeben und in seinem Tod sollen Andere sich beugen über sie. In diesem Bann sei N., der Sohn des N., und das sei sein Erbtheil. Ueber mich aber und über ganz Israel breite der Herr Frieden und seinen Segen aus. Amen."

D.
Unser Jahrhundert.

Der berühmte Gerson nannte den Talmud eine große Wüste, wo unter etlichen wenigen guten Kräutern allerlei wilde und ungeheuerliche Thiere wohnen. Wir haben diese Wüste voll Bestien jetzt durchwandert. Unser Jahrhundert ist die Zeit des Fortschritts. Hat der Fortschritt die bestialische Natur des Talmudjuden begraben? Viele Juden wie Bail, Cremieux u. A. haben von einer jüdischen Idee geredet. Die Philanthropie, die reine Menschenliebe, die Humanität, hieß es, das ist die jüdische Idee.

Der General v. Segur schreibt über den russischen Feldzug Napoleons: „Zwanzig tausend Franzosen waren krank, verwundet, erschöpft zu Wilna zurückgeblieben. Die Juden, welche Frankreich beschützt hat, lockten sie unter dem Schein der Gastfreundschaft in ihre Häuser, raubten sie aus und warfen die Armen splitternackt zu den Fenstern hinaus, um sie grausam durch Kälte und Schnee umkommen zu lassen [1]". So ein General, der die Er-

---
[1] Rohrbacher, Kg. 28, 155.

eignisse miterlebte. Um hier mit dem Kapitel „Mord" gleich aufzuräumen, berichte ich kurz über den Tod des Kapuzinerpaters Thomas zu Damaskus anno 1840. Wie Mancherlei wurde dieses Verbrechen durch den schon genannten Rabbiner Fabius von Lyon l. c. gar den Jesuiten zugeschoben. Laurent hat hingegen in dem merkwürdigerweise äußerst selten gewordenen Buche, dessen Verschwinden Fama ein Geheimniß nennt, unter dem Tittel affaires de Syrie [1]) aus den Acten, welche im Ministerium des Aeußern zu Paris deponirt sind, wortgetreu den Proceß abdrucken lassen. „Pater Thomas," referirt L., „war zugleich Arzt. Am 5. Februar 1840 sah man ihn mit seinem Diener in das Judenviertel gehen; am 6. sollte er bei dem Arzte des Pascha speisen. Er kam nicht und vom Kloster hatte man ihm bereits vergebens nachgeforscht. Der französische Consul nahm die Sache in die Hand und brachte zunächst heraus, daß der Barbier des Judenviertels in stockfinsterer Nacht zu dem jüd. Kaufmann Harari beschieden wurde. Des Weitern ergab sich, daß er dort den Pater Thomas gebunden am Boden gefunden und aufgefordert worden, ihn zu tödten; er weigerte sich anfangs, ließ sich aber, durch Drohungen eingeschüchtert, hinreißen, zu dem Morde mitzuwirken. Harari führte den ersten Stoß, ein anderer den zweiten, welcher den Tod zur Folge hatte; dann wurde das Fleisch von den Knochen gelöst, diese zerbrochen und in eine Kloake geworfen; dort fand man sie mit einem Stück Kinnbacken sammt Bart, einem Stück Kopfhaut, welches noch das Zeichen der Tonsur trug, sammt dem Jedermann in Damaskus

---

[1]) Paris 1846, 2 Bde.

bekannten rothgeränderten Käppchen des Paters. Auch des Thomas Diener hatte man ermordet, um keinen Ankläger zu haben. Von den Verhafteten gestanden 7 jüdische Kaufleute das Verbrechen und sagten aus, daß der Großrabbiner einige Tage zuvor erklärt habe, man solle sich Christenblut für die nahen Ostern verschaffen. Dabei ist wichtig zu bemerken, daß die Verklagten in Einzelhaft gehalten, getrennt verhört wurden und in den kleinsten Umständen mit einander übereinstimmten. Die Israeliten von ganz Europa setzten sich in Bewegung, das Todesurtheil zu vernichten und die Freisprechung zu erwirken. Man beklagte sich bitter über die Anschuldigung, daß heutzutage noch ein Cult bestehen könne, der Menschenblut verlange. Allein, wenn man die jüdischen Brüder in Damaskus unschuldig hielt, warum lieferte man nicht den Beweis der Unschuld? Warum bot man allen Mitgliedern der franz. und österr. Consulate Geldsummen und kostbare Geschenke? Wer die Wahrheit auf seiner Seite hat, bedarf der Bestechung nicht. — Dem Kanzler des franz. Consuln boten die Juden 200,000 Piaster, einem Advokaten 500,000 u. s. w. Nachdem Alles vergeblich gewesen, reiste Cremieux mit großem Gefolge in den Orient und erlangte zugleich von England unterstützt von Muhamed-Ali den Ferman: Aus dem Begehren Cremieux's, der Delegirten aller europ. Bekenner des Mosaismus, haben wir erkannt, daß sie die Befreiung der Gefangenen wünschen; und da es unschicklich wäre, das Begehren einer so zahlreichen Bevölkerung (Europa's) nicht zu erfüllen, so verordnen wir die Befreiung der Gefangenen. Dieser Ferman redet nicht von der nachträglich erwiesenen Unschuld, sondern von dem Willen des Souverain's auf Grund der Bitten der zahlreichen jüdischen Bevölkerung Europa's und zwar der Bitten um Freilassung, nicht um Erweisung der Unschuld. Warum bestand Cremieux nicht auf Revision des Processes, damit die Unschuld vor Aller Augen dargethan würde? Der ganze Orient ist von der Schuld der Juden überzeugt; aber die Gewalt und das Gold der Juden sind mächtig." An Laurent's Buch ist die jüdische Presse bisan schweigend vorübergegangen. — Ueber den Gebrauch des Christenblutes in alter Zeit ist viel geschrieben und gelogen worden; historisch liegen verschiedene Actenstücke vor, worauf wir für die früheren Jahrhunderte suo loco zurückkommen müssen. Der Occident hat meines Wissens keine sicher beglaubigten Belege für diese Sache in der Gegenwart aufzuweisen. Doch ein Proceß in Petersburg über die Ermordung eines Soldatenkindes ergab 1831 u. A. Folgendes: a. zwei Richter erhielten die Ermordung durch Hebräer zu ihren abergläubischen Zwecken für erwiesen; b. ein Richter bezeichnet die Hebräer als vollkommen überführt, will aber Milderung der Strafe, weil die Hebräer in der Meinung, Gott zu dienen, die That begingen; c. ein Richter hält alle Angeschuldigten für überführt, will aber auch Strafmilderung; d. ein Fünfter ist in Anbetracht der aufgedeckten Umstände überzeugt, daß es unter den Hebräern Verirrte gibt, die noch jetzt solche Verbrechen begehen könnten, hält aber den Beweis im vorliegenden Fall nicht für erbracht, während der Oberprocurator den beiden ersten Richtern beistimmt[1]). Es ist ein Verbrechen, ohne strenge

---

[1]) Anklagen der Juden in Rußland, aus den Criminalacten; Leipzig, Engelmann 1864. Stobbe berichtet bloß die schließliche Freilassung. Der Reichsrath erkannte nämlich auf „positiv nicht

Beweise, auch nur den Verdacht solcher Dinge zu äußern, und wir halten daran, "trotz der sehr beträchtlichen Zahl von Männern, Weibern und Kindern, die in gewissen großen Städten Europa's zum größten Entsetzen ihrer Umgebung auf immer verschwinden, ohne auch nur eine Spur zu hinterlassen [1])." Daß übrigens eine den christlichen Grundsätzen ganz fremde Verherrlichung von Mördern und Selbstmördern unter den heutigen Juden existirt, zeigt das "Jüdische Volksblatt" in Leipzig, indem es 1855 zwölf Subjecte als "jüdische Märtyrer" feiert, "weil sie 12 Wormser Rathsherrn, die etwas gegen die Juden unternehmen wollten, mit dem Messer aus dem Wege räumten und dann in Verzweiflung über ihr Geschick nach diesem Morde sich selbst den Tod gaben."

Die meisten Anklagen treffen in unserm Jahrhundert das Eigenthum. Der Jude Bail bekennt 1816 [2]): "Unter 12 Diebstählen oder Betrügereien, welche zu Leipzig abgeurtheilt wurden, waren 11 von Juden begangen." Bail will durch dieses Geständniß die Emancipation befürworten; denn er fügt bei: Frankreich gab den Juden die Freiheit, und dort ist der Jude ein ehrlicher Mann. Aber Cerfbeer [3]) bemerkt dagegen: "Die Statistik enthält leicht die Wahrheit. Die Verurtheilungen ergaben aber in Frankreich reichlich das Doppelte für die Juden, wobei schwer ins Gewicht fällt, daß die an Juden nachgewiesenen Verbrechen

---

überführt". Stobbe hätte um so mehr das Ganze sagen müssen, da er in der Vorrede dem jüd. Seminar zu Breslau für erhaltene Unterstützung dankt. — [1]) Mousseaux, le Juif p. 186. Paris 1869. — [2]) Les Juifs au 19. siècle (Earis 1916) p. 24. — [3]) l. c. p. 2. 3. 39. Paris 1847.

eine viel tiefere Verworfenheit an sich trugen, weil sie das Resultat einer voraufgehenden reiflichen Ueberlegung waren: betrügerische Bankerotte, Wucher, Falschmünzerei und alle Arten von Hinterlist und Betrug tragen diesen Stempel. Zugleich muß man beachten, daß ihre Schlauheit, ihre sog. geistigen Vorbehalte, die jeden Eid illusorisch machen, ihr ganzer Charakter leicht die meisten Frevler dem Arm der Gerechtigkeit unerreichbar macht, so daß jene, die hinter Schloß und Riegel kamen, sicherlich noch die weniger Strafbaren sind." Vom Elsaß berichtet derselbe Autor: "Der Wucher hat den Juden das halbe Elsaß in die Hände gespielt; dies ist die große Plage unserer Zeit. Der kleine Besitz ist verschlungen von diesem Krebs, der Alles zernagt. Ein ganzes Buch wäre nöthig, die schänd= lichen und perfiden Mittel zu beschreiben, wodurch die Juden Grund und Boden an sich reißen; sie betreiben auf dem Lande den Wucher ebenso unverschämt als ungestraft und die Bauern vor Allen sind es, welche unter den Verbrechen Israels seufzen. Auch in Deutschland ist die Sache nicht besser; der deutsche Jude ist stolz und rach= süchtig [1] und hat nichts verloren von den Fehlern seiner

---

[1] Durch seine Erziehung zum Haß der Völker bestimmt, schreibt Delamarre, traité de la police 1, 279, ist der Jude voll Rache; doch er hat Geduld, er weiß zu warten, mehr als jeder Andere, bis er durch Ränke und schändliche Lügen den stummen Haß in Rache gelöscht hat. Anläßlich des Merkurstreites sprach der Jude A. zu M. einem Christen unter vier Augen das Wort aus: "Die christ= liche Religion ist nobel, weil sie befiehlt, selbst den Feind zu lieben; aber die jüdische Religion ist praktischer, weil sie erlaubt, daß ich Ihnen und wäre es nach Jahren erst in den Rücken trete, weil sie mir heute den Fuß getreten."

Väter [1])." Und der erlauchte Name, den das deutsche Volk freudig mit dem Lorbeer schmückte, ist keine geringere Autorität in unserer Frage. Herr von Bismarck-Schönhausen sprach voll Indignation auf dem preuß. Landtag 1847 die Worte: „Ich kenne eine Gegend, wo die jüdische Bevölkerung auf dem Lande zahlreich ist, wo es Bauern gibt, die nichts ihr Eigenthum nennen auf ihrem ganzen Grundstück; von dem Bett bis zur Ofengabel gehört alles Mobiliar dem Juden; das Vieh im Stalle gehört dem Juden, und der Jude verkauft dem Bauern das Brod-, Saat- und Futterkorn metzenweise [2])." Das Justizministerium legte demselben Landtag folgende Statistik vor: „Nach Tab. 37 war 1839 im Ganzen der 133ste Einwohner ein Angeschuldigter und von diesen der 135ste ein Christ, der 84ste ein Jude; 1834 war der 166ste Einwohner ein Angeschuldigter und von diesen der 162ste ein Christ, der 82ste ein Jude. Die meisten Verbrechen der Juden waren gegen das Eigenthum gerichtet und zwar aus Eigennutz und Gewinnsucht [3])."

„Die urtheilsfähigsten Männer," schreibt Meinhold, „stimmen darin überein, daß eine der dem Boden nach besten preußischen Provinzen, Hinterpommern, hauptsächlich durch den Druck und Wucher der Juden verschuldet. Hier lebt und webt Alles voll Juden, und je gebildeter desto gefährlicher sind sie oft. Sie begnügen sich nicht mit 10, 12 Procent, sondern ich könnte Beispiele aufzählen, wo ihnen selbst bei der größten Sicherheit des Pfandes 100 Procent und darüber verschrieben werden mußten, um nur

---

[1]) l. c. p. 39. — [2]) ‚Allg. Preuß. Zeitung' Nr. 169, 20. Juni 1847. — [3]) ib. 19. Juni.

die augenblickliche Noth decken zu helfen. Alles thut, betreibt und schafft der Jude: Dienstmädchen, Knechte, Landgüter, ja selbst Ehefrauen bietet er an und aus. Zu manchen Zeiten und besonders kurz vor dem Wollmarkt läuft der Jude truppweise mit Handwagen (sog. Desmerne), worin nach Aussage seiner eigenen Glaubensgenossen Blei gegossen ist, um die Bauern zu betrügen. In der Stadt S. von kaum 12,000 Einwohnern ist fast jeder der zahlreichen Juden Banquier und treibt einen besonders bei den wohlhabenden Bauern einträglichen Handel mit Staatspapieren. In einem andern Ort haben die Juden so sehr alle christlichen Kaufleute verdrängt, daß augenblicklich nur noch einer übrig ist, der ebenfalls seinem sichern Untergang entgegengehen dürfte [1]. „Unter den Industriellen Wien's," schreibt Herm. Kuhn, „bilden nach der Criminalstatistik die Juden den größten Theil derjenigen, welche die Gerechtigkeit ereilt, obgleich sie den Ruf haben, mit größtem Geschick ihren Schlägen zu entwischen. Dank der jüdischen Presse, die alle christlichen Grundsätze proscribirt, gibt es weder Glauben noch Ehrlichkeit in den Geschäften. Das große Judenblatt ‚die Presse' trägt die Devise: Gleiches Recht für Alle; aber gleiches Recht Leuten geben, die alle Sittengesetze der christlichen Moral verleugnen, heißt Vampyre für diejenigen schaffen, die das christliche Gesetz von Betrug und Diebstahl zurückhält [2]." Der Apotheker, welcher die ganze preußische Armee im Kriege

---

[1] Sidonia 3, 212 Leipzig 1848. — [2] Le Monde 17. Nov. 1866. Ein vollständiger Bericht über die Herrschaft der Juden in Oesterreich verlangt einen Folianten. Viel interessantes Material geben die letzten Jahrgänge von Wiesinger's Kirchenzeitung.

von 1866 im großartigsten Maßstab mit gefälschten Arzneien betrog, dieser Verbrecher, der unsere armen Verwundeten hülflos machen wollte, war ein deutscher Jude. Und was ist die Wahrheit in dem viel verschrieenen Handel zwischen Juden und Rumänen? Professor Desjardins hat die Frage in einer eigenen Schrift behandelt und gelangt zu folgendem Resultat: „Für jeden Unparteiischen, der meine Broschüre aufmerksam liest, wird der Beweis geliefert sein, daß in Rumänien erst seit einer kurzen Zahl von Jahren über 400,000 Juden (1828 waren 25,000, 1844 schon 55,000, 1854 aber 160,000, 1868 nach Cremieux selbst 400,000, nach D. mehr und nach dem rumänischen Kammergericht über 500,000 Juden dort) sich etablirten, die größten Theils nach Geburt, Neigung, Sitten, Geist und Sprache dem Lande fremd bleiben wollen; die **auf's Aeußerste und mit allen Mitteln das Land ausbeuten**; die alle Gesetze des Landes zu umgehen und allen Pflichten, welche dieselben den Bürgern auflegen, sich zu entziehen suchen; die unwissend, abergläubisch, geizig, die Lügner, Wucherer, Spitzbuben und entsetzliche Schmutzfinken sind, so daß man für die öffentliche Gesundheit selbst in Besorgniß ist. Kein religiöses Motiv hat dagegen irgend Theil an den Maßregeln der Regierung[1].“ Der rumänische Kammerbericht, den dasselbe jüdische Blatt mittheilt, äußert sich ebenso. „Die Invasion der Juden in Rumänien,“ sagt die Kammer, „hat in den letzten Jahren so gewaltige Verhältnisse angenommen, daß die Bevölkerung des Landes darüber entsetzt ist. Diese Bevölkerung sieht sich überfluthet von einer feindselig gesinnten Sonderrasse, die den

---

[1] Archives isr. p. 197, 1868.

Eingebornen fremd und ihren Interessen entgegen ist. Diese stille Eroberung unseres Landes hat in der Oekonomie des Staates große täglich wachsende Mißstände hervorgerufen, und diese Eindringlinge zählen nun über 500,000. Ihre Geburt, **ihre Moral**, ihre hartnäckige Isolirung sondert sie von den Rumänen. Man hat sie ein Monopol gründen lassen, das den Handel und die kleine Industrie gänzlich zerstörte. Die Kapitalien, welche sonst in rumänischen Händen Frucht trugen, sind der Nation entzogen. Ohne die geringste Zurückhaltung ergaben sich die Juden dem Wucher, so daß sie Tausende von reichen Familien ausgeraubt und ins Elend gestürzt haben. Der Wucher und die Monopolisirung der Kapitalien haben die Geldkrise herbeigeführt, welche seit so vielen Jahren das Land drückt. Selbst das Elend des Volkes wird durch zahllose Mittel von der unersättlichen Habsucht der Juden ausgenutzt; denn die Noth ist einträglich für jene, welche die Grausamkeit besitzen, sie auszubeuten. Der Jude hat das Geld monopolisirt, er hat Speise und Trank monopolisirt, das hat schreckliche Folgen zur Zeit der allgemeinen Noth gehabt und die arbeitende Klasse litt am meisten unter dieser Habsucht, welche tausend Fälschungen und tausend Mischungen zum Schaden der öffentlichen Gesundheit anwandte. 2000 Jahre charakterisirt sich der Jude geschichtlich durch den Geist schärfster Ausschließlichkeit. Genöthigt unterwarfen sich die Juden **äußerlich** der Autorität des nichtjüdischen Staates, ohne integrirender Bestandtheil desselben zu werden. Sie können aus ihrem Geist die Idee des **jüdischen Staates** nicht verbannen. Deshalb wird der Jude nie Pole, nie Franzose, nie Engländer, er bleibt ewig Jude, wie seine Vorfahren des biblischen Zeitalters. Sie können keine Gemeinschaft mit den christlichen Völkern haben, da sie in Allem deren Gegentheil sind. Im Großen wie im Kleinen sind sie überall die Keime der Zerstörung und Auflösung, denn ihre Tendenz ist, sich überall auf den Ruinen der Uebrigen zu erheben. Dankbarkeit gegen die Völker, welche sie gastlich aufnahmen, kennen sie nicht, denn sie betrachten jene als Usurpatoren [1]). Deshalb gebrauchen sie alle Mittel, um die Herrschaft über das Universum zu erlangen, worauf sie durch den alten Bund ein Recht zu haben glauben. Die Juden können die Toleranz um so weniger anrufen, als ihre Religion die Unterdrückung aller übrigen ist; denn das Judenthum verurtheilt zum Haß und zur ewigen Verfolgung alle, welche ihm nicht angehören; es unterhält einen ewigen Krieg gegen die erhabenen sittlichen Ideen, welche die Basis unserer bürgerlichen Gesellschaft bilden [2])."

Wir sind weit entfernt, irgend welche Ungerechtigkeit selbst

---

[1]) Rom ist unser Paradies, sagten die Juden im Mittelalter. Pius IX. erlaubte den Juden überall in Rom, auch außerhalb des Ghetto, sich anzubauen. Der Jude Mires sagte anläßlich dessen: die Dankbarkeit verpflichtet Israel den Päpsten, sie verpflichtet es gegen Pius IX. Mit der gemeinsten Lüge schrie darauf das Judenblatt arch. isr. 1. Juni 1867 in die Welt hinein: „Dankbarkeit! Haben die Päpste uns nicht verfolgt? Existirt das Ghetto nicht noch heute?" Wir fragen mit der ganzen Christenheit: welche Päpste? Und das Ghetto besteht noch, weil die Juden selber außerhalb desselben nicht wohnen wollten; vgl. Question juive p. 16 Paris 1868. Daß man aber überhaupt besondere Judenviertel (Ghetto) errichtete, sagt Renan, war eine Nothwendigkeit wegen der Grundsätze des Talmudismus; vgl. arch. isr. 16. Juni 1868. —

[2]) Archiv. isr. p. 410. ff. 1868.

gegen ſtrafbare Juden zu billigen; wir ſagen mit den Päpſten: überweiſet den Juden, wo er gefrevelt hat, ſeiner Verbrechen, ſtrafet ihn dafür nach den Geſetzen, fordert zurück, was er euch nahm; aber es iſt unerlaubt, ihm zu nehmen, was rechtlich ihm gehört, ihn über Gebühr zu ſtrafen oder gar ſein Leben, wo er nicht ſelber Jemanden das Leben nahm, durch den Richter auf das Schaffot zu bringen. Aber wir fragen: was hat die Indignation der Rumänen erregt, was anders als die Wucherei, die Betrügerei der Juden? Die bezeichneten Judenblätter leugneten auch das; der Talmud ſagt, um des Friedens willen darf man lügen, und Jude Bédarride ſchrieb anno 1861: Iſrael wuchert nicht, weil es nicht wuchern kann[1]) — natürlich, es betrügt, es ſtiehlt auch nach dem Talmud nicht, weil es von dem Nichtjuden immer nur nehmen kann, was ſein iſt.

„Die Juden,“ erklärt denn auch der Advokat Hallez, „haben ihre nationalen Sitten unverletzt bewahrt, Sitten, die gänzlich unvereinbar ſind mit den Lebensbedingungen unſerer Geſellſchaft[2]).“ Die Juden, ſchrieben die hiſt.-pol. Blätter 1848, ſind die Prediger der Unzucht und der Revolution. Das Kapitel „Unzucht“ bezüglich der ſogenannten gebildeten Juden hat J. Groß-Hoffinger denkwürdig behandelt. Er ſchildert die reichen jüdiſchen Banquiers, Börſenſpeculanten u. ſ. w. von Wien, wie ſie eine förmliche „Jagd auf ſchöne Mädchen machen. Ihre eigenen Weiber,“ ſagt Hoffinger, „ſind ihnen zu gut, um ſie der Wolluſt zu opfern. Sie ſchützen ſie und gehen nicht aus auf deren Verführung und Herabwürdigung und ſuchen

---

[1]) Les Juifs p. 430, Paris 1861. — [2]) Hallez, des Juifs p. 262, Paris 1845.

daher unter den Stämmen, welche bestimmt scheinen, ihre Knechte zu sein, die reinsten und unberührtesten Jungfrauen. Und wenn sich die ganze jüdische Geldaristokratie an der Unschuld gesättigt hat, dann erst werden ihre Opfer der armen Christenheit überlassen, und sie versinken dann in die Abgründe der gemeinsten Prostitution. Der Adel verbindet noch mit seinen Lastern Reste altererbter Tugenden, er ist freigebig und bewahrt den Opfern seiner Wollust noch einen Rest von bessern Gefühlen; aber der Jude wirft sein Opfer weg und tritt es mit Füßen [1]." „Die ärmeren Klassen der Juden aber," heißt es anderswo, „excelliren in der Betreibung des Kupplergewerbes, so zu Hamburg. Die abscönsten Bücher, Kupferstiche u. s. w. werden hier von den Juden verkauft; einer der berüchtigtsten dieser Schandbuben soll sich für die erhaltene Erlaubniß der Polizei zum Spion hingegeben haben [2]." Wie weit an manchen Orten die niederen Klassen Juda's selbst der Prostitution ergeben sind, wurde oben gelegentlich angeführt.

Und von der Revolution, deren Protection durch Juda 1848 noch in Aller Gedächtniß ist, hat der Engländer Disraeli erklärt: „Die gewaltige Revolution, welche sich in Deutschland vorbereitet, entwickelt sich durch die Einflüsse der Juden [3]." Rougeyron macht 1861 dieselbe eingehend motivirte Bemerkung: „es gibt in Deutschland revolutionäre Elemente," schreibt er, „die furchtbar sind, und dazu gehört vor Allem die Judenschaft mit ihren

---

[1] Die Schicksale der Frauen. Leipzig 1847, S. 40. — [2] Entschleierte Geheimnisse der Prost. in Hamburg. Leipzig 1847. S. 84. [3] Disraeli, Coningsby p. 183, London 1844.

Publicisten, Philosophen, Dichtern, Rednern, Banquiers: sie ist revolutionär durch und durch: sie wird einen Tag schaffen, der furchtbar sein wird für Deutschland, doch wird wahrscheinlich ein anderer Tag folgen, der furchtbar ist für sie [1]." Toussenel schrieb 1847 ein berühmtes Werk unter dem Titel: Les Juifs rois de l'epoque. Er sagt: „Der Finanzfeudalismus hat, um den Leuten der nominellen Regierung seinen Willen kundzuthun, ein officielles Journal gegründet: das ‚Journal des Débats'. Es ist das Journal der hohen Bank, der Herren von Israel in der Straße Bergère und Laffitte, nicht des Residenzschlosses. Man hat zu drucken gewagt, daß jedes Ministerium dem ‚Journal des Débats' eine enorme Kriegscontribution zu zahlen habe. Und in der That, es gab große Minister wie Villèle, welche sich von dem lästigen Protectorat des Blattes zu befreien suchten. Aber Villèle wurde gestürzt durch eine Coalition, worin die Débats eine große Rolle spielten; das Ministerium Martignac war genöthigt, den Débats die Rückstände Villèle's von 3 Jahren nachzuzahlen. Thiers versuchte, sich zu empören gegen den Despotismus; aber ein mächtiger Artikel warf den Kühnen zu Boden, daß er um Verzeihung bat und Frieden schloß mit dem Cassirer des Blattes; die Reue wurde acceptirt. Guizot und Duchâtel führen die geringsten Befehle der Débats aus: das Mögliche wird gethan, das Unmögliche versprochen. Montalivet war mehr als servil, die Débats regierten das Ministerium des Innern; Montalivet stopfte die öffentlichen Stellen mit den Schreiberjungen der Débats voll, Montalivet gewöhnte die öffentliche Meinung, die Débats als das Organ des

---

[1] R., antichrétien p. 28, Paris 1816.

Hofes zu betrachten, ihre Redacteure figurirten unter dem Namen von Erziehern der königlichen Prinzen. Und dieses Blatt beschützt den Hof, so lange sich der Hof den Ansprüchen der mächtigen Herren der Straßen Bergère und Laffitte willig zeigt; sonst nicht, und seine Ergebenheit für die Dynastie geht nicht weiter. Schon viele Dynastien hat dieses Blatt in seinem Leben begraben. Das ‚Journal des Débats‘ ist fast officiell anerkannt in Europa. Es kann sich herausnehmen, dem Kaiser von Rußland die Nase zu zupfen. Es gibt keine Krönung in Oesterreich, keine in England ohne einen außerordentlichen Gesandten der Débats. Gehen Sie in eine öffentliche Bibliothek, in das Collège de France, in die Sarbonne, sie begegnen einem Redacteur der Débats; der Cassationshof, der Staatsrath, die Gesandtschaften, der öffentliche Unterricht, Alles ist vom Ressort dieses Blattes. Herr v. Broglie verordnete, die Consulate sollten den Eleven der Ecole des consuls reservirt sein. Aber die Verordnung hat nie eine Bedeutung gehabt; die wirkliche Schule, die einzige Schule der Consuln ist das ‚Journal des Débats‘. Dieses Blatt hat seine Consuln zu Bagdad, zu Alexandrien, zu Jerusalem, zu Genua u. s. w. Kurz, dieses Blatt ist der höchste Richter über die Geschicke der Nation[1].“ **Vielleicht begreift man jetzt das folgende Wort Disraeli's.** „Die Welt wird von ganz andern Leuten regirt,“ sagt der englische Minister Disraeli, „als diejenigen meinen, welche nicht hinter die Coulissen sehen. Die russische Diplomatie voll Geheimnisse, vor der ganz Europa erbleicht, wer organisirt und leitet sie? Juden. In Spanien, in Paris und anderswo

---

[1] B. 2, S. 6 ff.

steht es ebenso ¹)." — „Ein neues messianisches Reich," sagt uns zur weiteren Verdeutlichung Cremieux als Präsident der seit 1860 den Erdball umschlingenden alliance israélite, „ein neues Jerusalem muß erstehen an Stelle der Kaiser und Päpste ²)": denn, sagt der Talmud, alle Völker, die Erde und was sie füllt, gehören Israel. 1866 starb zu Brüssel der Jude Bérend als Freigeist. Der Großrabbiner von Belgien, Astruc, hielt das Begräbniß und gab der Welt das verständliche Wort: „Bérend konnte Freidenker sein und Israelit bleiben. Deshalb konnte die hohe Loge ohne Schwierigkeit an seinem Grabe als an dem Grabe eines Bruders, eines Freundes, eines Religionsgenossen stehen: Israeliten, Freimaurer, Freidenker beweinen ihn gleichmäßig ³)". So belehrt uns Israel selbst, und daß Cremieux Großmeister der franz. Loge und zugleich Präsident der alliance israélite ist, weiß man längst. Woher diese Eintracht zwischen Juda und der Loge? Wir antworten mit der Gegenfrage: woher die Lorbeerkränze, die Juda in alter Zeit dem Arianismus und in unsern Tagen, wie z. B. in den Archives israélites pag. 463 anno 1867 Voltaire, Volney, Garibaldi wand? Das wahre Christenthum und der christliche Staat sind beiden gleich verhaßt. Gleichheit aller Menschen, gleiches Recht für Alle, heißt die schöne Parole; daher Theilung und dafür zunächst Beschlagnahme des Eigenthums, Sturz der hemmenden Gewalten in Staat und Kirche durch die Revolution: was folgt, ist Vertheilung der Beute unter die Räuber, wobei die Geplünderten das Zusehen haben. Dann wird Cremieux's, des Präsidenten der alliance, neues Jerusalem an

---

[1] l. c. p. 183. — [2] Archives isr. p. 651, 1861. — [3] Archiv, isr. p. 927 f. 1866.

Stelle des Thrones der Kaiser und der Päpste stehen. Arme Loge, die herrschen will und ein Mittel geworden ist, die Herrschaft Juda's aufzurichten! Anläßlich der Broschüre von Alban Stolz über die Maurerei 1862 veröffentlichten die hist.-polit. Blätter die Seufzer eines Maurers über die Macht Juda's in der Loge; er hatte einen Blick hinter die Coulissen gethan und war erzürnt. „Die Macht," schreibt er, „welche Juda durch die Freimaurerei erlangt hat, steht auf dem Zenith; sie ist gleich gewaltig gegen den Thron und den Altar. Obgleich ausgeschlossen aus bestimmten Logen, sitzen die Juden in allen Logen der Welt. Zu London sind zwei jüdische Logen, welche die Fäden aller revolutionären Elemente, die in den christlichen Logen leben, zusammenhalten. Die Spitze der Loge bildet Juda, die christlichen Logen sind blinde Puppen, welche von Juda in Bewegung gesetzt werden, ohne es selber größtentheils zu wissen. Eine dirigirende Loge, ganz von Juden gebildet, besteht auch zu Rom; auch sie ist eins der obersten Tribunale der Revolution, das durch unbekannte Häupter die übrigen Logen regiert. Zu Leipzig ist die geheime jüdische Loge zur Meßzeit permanent, kein Christ hat Zutritt. Zu Hamburg und Frankfurt haben nur die geheimen Emissäre Zutritt; die letztere nennt sich „Absolon zu den drei Brandnesseln," der Name zeigt die Sache an. Möchten die Großen doch begreifen, daß die Loge nur arbeitet, die Völker zu revolutioniren im Interesse des Judenthums! Möchten sie das Wort Burke's begreifen: „Es kommt eine Zeit, wo die Fürsten Tyrannen werden müssen, weil ihre Unterthanen Rebellen aus Princip geworden[1]." Die

---

[1] Obiges ist ein Resumé aus dem mit prächtigen détails gefüllten Ganzen; s. Hist. polit. Bl. 1862; le monde 5. Nov. 1862.

Maurerhallen waren es, sagt Börne, wo unter dem Schutz des Geheimnisses[1]) Edle aus allen Klassen die Grundsätze lehrten, die in der profanen Gesellschaft als Ketzereien verpönt waren[2]). Der Jude Mendizabal war die Seele der Revolution in Portugal 1820, bewirkte die Einnahme von Oporto und Lissabon und trug 1830 die Revolution nach Spanien durch seinen mächtigen Freimaurereinfluß auf die Juntas; durch die Freimaurerrevolution schwang er sich zum Ministerpräsidenten von Spanien empor[3]). Und der jüdische Großmeister Cremieux ward Justizminister der französischen Republik von 1848, nachdem die Loge, wie Lamartine und Garnier-Pages bekannten, die Revolution von 1848 wie die früheren von 1789, 1830 geschaffen hatte[4]). — Wenn demnach auch der „Neujude" à la Cremieux und Consorten von den Märchen und Albernheiten des Talmud nichts mehr wissen will, so begreift man doch ohne Mühe, daß die Idee der Weltherrschaft fest in seinem Kopfe haftet. In diesem Streben, für dessen Erreichung nach dem Talmud alle Mittel erlaubt sind, kann der Talmudjude dem

---

[1]) Entsenden viell. die Siegelbewahrer dieses Geheimnisses die als Prälaten wandernden Juden, welche bald hier bald dort bei den Kirchenfürsten in den letzten Jahren auftauchen, um „Geschäfte du machen"? Bischof Dr. Stahl von Würzburg entlarvte 1854 den Juden Meirowitsch, der als Cardinal Altieri bei ihm zu Tische saß, — um gewisse Dinge zu erfahren, welche Dr. Stahl nach des Juden Meinung wissen mußte. Vgl. das entlarvte Judenthum der Neuzeit von H. v. Scharff-Scharffenstein à la suite May's II. (Zürich 1571) 2, 53. Ganz kürzlich trat eine solche Figur in Berlin und Hamburg auf. — [2]) Hist. polit. Bl. 1862, 430 ff. — [3]) ib. — [4]) ib.

Neujuden allerdings die Hand reichen. Wie auch wäre es sonst erklärlich, daß auf dem großen Judenconcil zu Leipzig vom 29. Juni 1869, wo die Großrabbiner von der Türkei, von Rußland, Deutschland, England, Frankreich, den Niederlanden, Belgien u. s. w. anwesend waren und Reformjuden und Orthodoxe zwei große sich das Gleichgewicht haltende Fractionen bildeten, wie wäre es sonst erklärlich, daß hier als die gemeinsame These Aller der Satz formulirt wurde: „Die Synode anerkennt die Entwicklung und Realisirung der modernen Ideen als die sichersten Garantien für die Gegenwart und Zukunft des Judenthums und seiner Kinder." Das ist so deutlich als möglich; die Christlichen Ideen sind nicht der Art, sie sind für die Gegenwart und Zukunft, wie sie waren für die Vergangenheit, sie sind nicht von gestern, sie sind nahezu 2000 Jahre alt, ja so alt als die Welt; denn Christus hat Mose nicht gestürzt, sondern entwickelt und vollendet. Wie die Wahrheit überall nur eine ist, wie zweimal zwei für den Knaben auf der Schulbank und für den Lehrer, für den Kaufmann und für den Minister, für den Soldaten und für den Handwerker, für den Papst und für den Kaiser, für die Vergangenheit und Gegenwart und Zukunft nur vier und nichts als vier macht, so kann es auch nur eine Sittenregel für den Menschen geben, die auf Wahrheit Anspruch hat. Es gibt keine doppelte Gerechtigkeit, keine Nächstenliebe, keine doppelte Tugend mit zweierlei Gewicht und Maaß. Wenn also der Christ aus jüdischem Munde das Lob moderner Ideen hört, so weiß er, daß er das Lob der Revolution hört, die den Thron und den Altar zumal bedroht. Zum Ueberfluß hat ihn auch Juda selbst ausdrücklich dahin belehrt, indem es in einem Hauptorgan der alliance israélite 1867 die Revolution von 1789 mit ihrer Gleichheit und Brüderlichkeit als den Stern Juda's preiset, der das Dunkel über Israel's Häuptern gelichtet und mehr noch lichten werde [1]. Auch die Internationale predigt die Gleichheit Aller, und zu den Führern der Internationalen gehört der Jude Marx in London [2]. Diese Gleichheit der Revolution mit ihren großen Mitteln Betrug und Raub und Mord und mit ihrem klingenden Aushängeschild „gleiches Recht für Alle" nennt man auch unter Christen wohl die große moderne Idee; nicht, als ob nicht schon der Talmud die Ueberlistung, Ausraubung und Abschlachtung des Nichtjuden als erlaubt und tugendsam bezeichnet hätte, sondern weil ganze Schaaren von Nichtjuden diese Idee seit 1789 mit glühendem Eifer allen Reichen, sowie allen redlichen und wahren Christen gegenüber vertheidigten, predigten und in grauenerregender Weise zur That machten. Man denke nur an 1789 und an die Pariser Commune der Gegenwart. Wenn wir demnach unsere Arbeit mit einem Urtheil über den Talmudjuden beschließen, so gilt dieses Urtheil zugleich allen Feinden der Wahrheit, Allen, die zwar der Glaubenslehre des Talmud nicht befreundet, doch aber in Wort oder That unter dem Deckmantel schöner Phrasen oder unverhüllt seine sittlichen Grundsätze ganz oder theilweise adoptiren.

---

[1] Univers. isr. 5. Sept. 1867. — [2] v. Scharff-Scharffenstein, die Macht des Judenthums ꝛc., Stuttg. bei Killinger 1871, N. 53.

E.
Endurtheil.

Das Itinerarium Philippi a Trinitate[1]) berichtet von der Reise eines Juden und mehrerer Christen. Der Eine war dem Andern ein treuer Gefährte, Alle halfen und erleichterten sich gegenseitig. Der Jude gerührt über die Liebe der Christen, sagte Einem der Begleiter zum Abschied: „Du weißt, wie viele Zeichen des Wohlwollens wir uns gaben auf dieser Reise. Wisse aber, daß der Haß, welcher in meinem Herzen brannte, gleichwohl groß war. Zur Belohnung für deine Dienste will ich dir den Rath geben: Vertraue dich niemals einem Juden an, wie groß die Freundschaft auch sei, welche er dir bezeugt."

Doch dieses Wort stammt aus dem „finstern" Mittelalter; hören wir also die „aufgeklärten" Weisen der neuen Zeit. Kant sagt: „Die unter uns lebenden Paläftiner sind durch ihren Wuchergeist, auch was die größte Menge betrifft, in den nicht ungegründeten Ruf des Betruges gekommen. Es scheint zwar befremdlich, sich eine Nation von Betrügern zu denken, aber ebenso befremdlich scheint es doch auch eine Nation von von lauter Kaufleuten zu denken, deren bei weitem größter Theil durch einen alten Aberglauben verbunden, keine bürgerliche Ehre

---
[1]) 6. 8.

sucht, sondern den Verlust dieser letztern durch die Vortheile der Ueberlistung des Volkes, unter dem sie Schutz finden, und selbst ihrer unter einander ersetzen wollen. Nun kann dies bei einer ganzen Nation von lauter Kaufleuten als nicht producirenden Gliedern der Gesellschaft auch nicht anders sein; mithin kann ihre durch alte Satzungen sanctionirte Verfassung, ob sie zwar den Spruch: „Käufer thue die Augen auf!" zum obersten Grundsatz ihrer Moral im Verkehr machen, ohne Inconsequenz nicht aufgehoben werden. Statt der vergeblichen Plage, dieses Volk in Rücksicht auf den Punkt des Betrugs und der Ehrlichkeit zu moralisiren, will ich lieber meine Vermuthung vom Ursprunge dieser sonderbaren Verfassung, nämlich eines Volkes von lauter Kaufleuten angeben[1])." Zu der Kantischen Bemerkung über den Handel will ich hier eine Talmudstelle nachtragen. Sie heißt: „Es gibt keine schlechtere Handthierung als den Feldbau. Wenn Jemand 100 Silbermünzen in der Handlung hat, so kann er alle Tage Fleisch und Wein genießen; wenn er aber 100 Silbermünzen zum Feldbau anwendet, so kann er nur Salz und Kraut essen[2])."

Fichte sagt: „Fast durch alle Länder von Europa verbreitet sich ein mächtiger, feindseliger Staat, der mit allen andern im beständigen Kriege lebt und fürchterlich schwer auf die Bürger drückt; es ist das Judenthum. Ich glaube nicht, daß dasselbe dadurch, daß es einen abgesonderten und so fest verketteten Staat bildet, sondern dadurch, daß dieser Staat auf den Haß des ganzen

---

[1]) Anthropologie in pragm. Hinsicht, Leipzig 1833. 4. A. S. 127. — [2]) Tr. Jebam. f. 63. 1.

menschlichen Geschlechts gegründet und aufgebaut ist, so fürchterlich werde. Von einem Volke, das in allen Völkern die Nachkommen derer erblickt, die es aus seinem schwärmerisch geliebten Vaterland vertrieben haben; das sich zu dem den Körper erschlaffenden und den Geist für jedes edle Gefühl tödtenden Kleinhandel und Wucher verdammt hat; das bis in die Seele des Allvaters uns Andere alle von sich absondert —; von so einem Volke sollte sich etwas Anderes erwarten lassen, als daß geschieht, was wir täglich sehen: daß in einem Staate, wo der unumschränkteste König mir meine väterliche Hütte nicht nehmen darf und wo ich gegen den allmächtigen Minister mein Recht erhalte, mich doch jeder Jude, dem es einfällt, ganz ungestraft ausplündert[1])". Und: „**Den Juden Bürgerrechte zu geben, dazu sehe ich kein anderes Mittel als das, ihnen in einer Nacht die Köpfe abzuschneiden und andere aufzusetzen, in denen auch nicht Eine jüdische Idee ist; und um uns vor ihnen zu schützen, dazu sehe ich kein anderes Mittel, als ihnen ihr gelobtes Land wieder zu erobern und sie alle dahin zu schicken**[2])."

Herder in seinen „Ideen zur Geschichte der Menschheit" schreibt[3]): „Wie die Aegypter fürchteten die Juden das Meer und wohnten von jeher lieber unter andern Nationen; ein Zug des Nationalcharakters, gegen den schon Moses mit Macht kämpfte. Kurz, es ist ein Volk, das in der Erziehung verdarb, weil es nie zur Reife einer politi-

---

[1]) J. G. Fichte, Beiträge zur Berichtigung der Urtheile über die franz. Revolution S. 186. — [2]) ib. S. 191. — [3]) 3, 91.

schen Cultur auf eignem Boden, mithin auch nicht zum wahren Gefühl der Ehre und Freiheit gelangte. In den Wissenschaften, die ihre vortrefflichsten Köpfe betrieben, hat sich jederzeit mehr eine gesetzliche Anhänglichkeit und Ordnung, als eine fruchtbare Freiheit des Geistes gezeigt, und der Tugenden eines Patrioten hat sie ihr Zustand von jeher beraubt. **Das Volk Gottes ist eine parasitische Pflanze auf den Stämmen anderer Nationen, ein Geschlecht schlauer Unterhändler beinahe auf der ganzen Erde, das nirgends sich nach einem Vaterlande sehnt.**" Und abermals sagt Herder[1]): „Die Juden betrachten wir hier nur als die parasitische Pflanze, die sich beinahe allen europäischen Nationen anhängt und mehr oder minder von ihrem Saft an sich gezogen hat. Nach dem Untergange des alten Rom waren ihrer vergleichungsweise nur noch wenige in Europa; durch die Verfolgung der Araber kamen sie haufenweise herüber. Daß sie den Aussatz in unsern Welttheil gebracht, ist unwahrscheinlich; ein **ärgerer Aussatz war's, daß sie in allen barbarischen Jahrhunderten**[2]) **als Wechsler, Unterhändler und Reichsknechte niederträchtige Werkzeuge des Wuchers wurden** und gegen eignen Gewinn die barbarisch-stolze Unwissenheit der Europäer im Handel dadurch stärkten." Und endlich sagt Herder[3]): „**Ein Ministerium, bei dem der Jude alles gilt; eine Haushaltung, in der ein Jude die Schlüssel zur Garderobe und zur Kasse führt; ein Departement oder Commissariat, in wel-**

---

[1]) ib. 4, 38. — [2]) Das Mittelalter ist gemeint. — [3]) l. c. 4, 157.

chem Juden die Hauptgeschäfte treiben; eine Universität, auf welcher Juden als Mäkler und Geldverleiher der Studirenden geduldet werden: das sind auszutrocknende pontinische Sümpfe. Denn, nach dem alten Sprüchwort: wo ein Aas liegt, da sammeln sich die Adler, und wo Fäulniß ist, hecken Insecten und Würmer." So schreibt Herder, diese Blüthe der „humanen" Menschen. — Und die ebenso unverdächtige Feder des bekannten Rechtsphilosophen Klüber hat Folgendes verewigt. „Die Juden," sagt er, „sind eine politisch-religiöse Secte unter strenge theocratischem Despotismus der Rabbiner. Sie bilden eine erblich verschworene Gesellschaft für das gemeine Leben und den Handelsverkehr, für eigene Volksbildung, für kastenartigen Familiengeist. Den Geist des Judenthums erkennt man im Allgemeinen an kirchlichem Glaubenshochmuth; die Juden bilden sich ein, die Auserwählten Gottes zu sein, erhaben über alle Nichtjuden (Gojim) und physisch und sittlich verschieden von diesen, die ganz ausgerottet werden müssen. Die Vernunft beweiset und die Erfahrung bestätigt es, daß Kastengeist, am wenigsten der politisch-religiöse unverträglich sei mit Staats- und Gemeinwohl. Nun begründet aber das Judenthum bis zur Stunde in politischer, religiöser und physischer Hinsicht einen Kastengeist, dessen Gleichen im ganzen christlichen Europa nicht gefunden wird. Dieses Verhältniß macht einen fortwährenden Antagonismus zwischen Staat- und Judenthum unvermeidlich. Der Judenschaft, wie sie vor unsern Augen lebt, volle Staatsbürgerschaft, völlig gleiche Rechte mit allen Staatsbürgern ertheilen, die nicht in solchem Widerstreit mit dem Staate leben, wäre ebenso viel, als jenes Uebel (eines Antagonismus, der den Staat, wenn nicht zu Grunde richtet, so doch stetig quält und schwächt) in einen unheilbaren Krebs verwandeln. Darum verlangen wir die freie, unwiderrufliche und zuverlässige Abschwörung, Entfernung und Verabscheuung des Talmudismus u. s. w. [1])."

Der Philosoph Schopenhauer aber sagt in seinen Artikeln über Rechtslehre und Politik: „Der ewige Jude Ahasverus ist nichts Anderes als die Personification des ganzen jüdischen Volkes. Weil er an dem Heiland und Welterlöser schwer gefrevelt hat [2]), soll er von dem Erden-

---

[1]) Uebersicht der diplomat. Verhandlungen des Wiener Congr. 3, 375 ff.; vgl. deutsches Bundesrecht von K. 4. Auffl. §. 516 Note 4. — [2]) Bekanntlich beliebt Juda seit einiger Zeit zu leugnen, daß es Christus gekreuzigt. Interessant ist, was Napoleon III. begegnete. Er hatte in der Vorrede zum Leben Cäsar's gesagt: „Unglücklich die Völker, welche die großen Ideen Cäsar's, Carls d. G., Napoleon I. nicht begreifen! Sie machen es wie die Juden, die ihren Messias kreuzigten." Darüber schrieb Cremieux 27. Febr. 1865 einen offenen Brief in die Opinion nationale, worin es u. A. heißt: „Wie, Napoleon III. hat diesen Satz geschrieben: die Juden haben ihren Messias gekreuzigt! Wo denn hat der Verfasser den historischen Beweis dieser These gefunden? Wie, vom katholischen Standpunkt eine Vorrede zum Cäsar schreiben! Eine religiöse Anmaßung als ein historisches Axiom hinstellen! Wir leben in einer Zeit, wo die Religion und der Cult sich in den Gewissen verschließen und in der Kirche bewegen muß. Daß aber ein Fürst ein so gefährliches Wort spricht; daß er der Welt von neuem die Verblendung der Juden denuncirt; daß er jene grausame und schreckliche Anklage erneuert, welche die Ströme jüdischen Blutes" (alle unschuldig ermordeten Juden machen noch keine so große Zahl, als die von Juden allein in Persien geschlachteten Christen) „die sie fließen ließ, in den Herzen der durch die Fackel

leben und seiner Last nie erlöst werden und dabei heimath=
los in der Fremde herumirren. Dies ist ja eben das Ver=
gehen und das Schicksal des kleinen jüdischen Volkes,
welches, wirklich wundersamer Weise, seit 2000 Jahren
aus seinem Wohnsitz vertrieben, noch immer fortbesteht und
heimathlos umherirrt ¹), während so viele große und glor=
reiche Völker, neben welchen eine solche Winkelnation gar
nicht zu nennen ist, Assyrer, Meder, Perser .. zur ewigen
Ruhe eingegangen und gänzlich verschwunden sind. So
ist denn noch heute dieser Johann ohne Land unter den
Völkern auf dem ganzen Erdboden zu finden, nirgends zu

---

der Philosophie aufgeklärten Völker ausgelöscht hatten:
das ist eine sehr unglückliche Eingebung". Auch Rabbi Kroner sagt,
die Juden hätten Christum nicht getödtet, weil ja Pilatus das
Todesurtheil sprach und römische Soldaten es executirten; wir fragen:
wenn ein Unschuldiger auf Grund ungerechter Anklage vom Richter
den Henkern übergeben wird, wer ist der eigentliche Mörder, die
eigentliche Ursache des Mordes, der Ankläger mit seinen falschen
Zeugen oder der Richter? Betet man also nicht mit Recht pro perfidis Judaeis?

¹) Auch Schopenhauer erkennt hier also Gottes Finger; be=
kanntlich sagt die Bibel, Israel werde als Volk bestehen bis zum
Ende der Zeiten und sich dann auch in der Masse bekehren: eine
stete Beglaubigung Christi ist also die Judenschaft vor unsern Augen
aber Viele haben Augen und sehen nicht. Bei diesem Anlaß noch
eine andere Bemerkung. Christus hat geweissagt, der jüdische Tempel
zu Jerusalem werde für immer zerstört werden. Es würde sich für
Juda der Mühe lohnen, was Julian der Apostat versuchte noch ein=
mal zu versuchen. Juda hat Macht, hat Geld, es regiert die Fürsten;
auf also, bauet den Tempel und wenn das Werk gelingt, so ist die
Weissagung des Nazareners aufgehoben, seine Gottheit eitler Wahn
und wir alle wollen Juden werden.

Haufe und nirgends fremd, behauptet dabei mit beispielloser Hartnäckigkeit seine Nationalität, möchte auch gern irgendwo Wurzel schlagen, um wieder zu einem Lande zu gelangen, ohne welches ja ein Volk ein Ball in der Luft ist. Bis dahin lebt es **parasitisch auf den andern Völkern und ihrem Boden**, ist aber nichtsdestoweniger vom lebhaftesten Patriotismus für die eigene Nation beseelt, den es an den Tag legt durch das feste Zusammenhalten, wonach Alle für Einen und Einer für Alle stehen... Demnach ist es eine höchst oberflächliche und falsche Ansicht, wenn man die Juden bloß als Religionssecte betrachtet; wenn aber gar, um diesen Irrthum zu begünstigen, das Judenthum mit einem der Kirche entlehnten Ausdruck bezeichnet wird, als „jüdische Confession", so ist dies ein grundfalscher, absichtlich auf das Irreleiten berechneter Ausdruck, der gar nicht gestattet sein sollte. Vielmehr ist „jüdische Nation" das Richtige... Daß die dem jüdischen Nationalcharakter anhängenden **bekannten Fehler, worunter eine wundersame Abwesenheit alles dessen, was das Wort** verecundia (Scham)[2]) **ausdrückt, der hervorstechendste, wenngleich ein Mangel ist, der in der Welt weit besser hilft, als vielleicht irgend eine positive Eigenschaft**, daß diese Fehler hauptsächlich dem Drucke (?) zuzuschreiben, entschuldigt zwar, aber hebt sie nicht auf. Den vernünftigen Juden, welcher alte Fabeln, Flausen und Vorurtheile aufgebend durch die Taufe aus einer Genossen-

---

[1]). Der Talmud sagt: „Drei Wesen sind unverschämt; Israel unter den Völkern, der Hund unter den Vierfüßlern, der Hahn unter dem Federvieh. Tr. Beza 25. 1.

schaft austritt, die ihm weder Ehre noch Vortheil bringt, muß ich durchaus loben."

Menzel sagt: "Wenn die Wiederherstellung eines ausschließlichen Judenreiches auch möglich wäre, so würden die vermöge des Fluches nun einmal in der Welt zerstreut Lebenden von dem so bequem und üppig unter ihnen ausgestreckten Christenleibe, an dem sie sich als Blutegel dick und rund saugen, schwerlich wieder auf den dürren Felsen ihrer Heimath zurückkehren wollen." [1]

Julian Schmidt [2] sagt: "In dem geschäftlichen Zweige der Literatur, der Journalistik, bilden die Juden jetzt die ungeheure Mehrheit. Daher die Empfindlichkeit, wenn man auf das Judenthum zu sprechen kommt. Fast sieht es so aus, als seien die Juden noch immer das auserwählte Volk und durch ein Privileg gegen die Angriffe geschützt, die sich jede andere Nation gefallen lassen muß. Gegen die Deutschen haben Börne, Heine und ihre (jüdischen) Glaubensgenossen eine ganze Scala von Schimpfwörtern angewandt vom "Bedientenvolk" an bis zum "Nachtstuhl" und gegen das Christenthum nicht minder; wagt man es aber, auf den ewigen Judenschmerz zu lästern, wagt man es zu bezweifeln, daß Shylok ein Märtyrer war, so ringt die gesammte Journalistik über den Mangel an Aufklärung und Toleranz die Hände. Tadelt man die Eigenthümlichkeiten der jüdischen Nation, so ist das ein Angriff auf die Glaubens- und Gewissensfreiheit; kritisirt man die religiösen Gebräuche, so ist es ein Hohn gegen ein Märtyrervolk."

---

[1] Lit. Bl. 1857, 316. — [2] Geschichte der neuen deutschen Literatur, 3. Bd.

Inhalt.

Vorwort . . . . Seite 3

A. Grundlagen.
1. Orthodoxie und Reform 17
2. Der Name Talmud 22
3. Der Talmud gilt den Juden für ein göttliches Buch . . 25

B. Die verderbte Glaubenslehre des Talmudjuden.
1. Von Gott 30
2. Von den Engeln 33
3. Von den Teufeln 35
4. Geheimnisse 38
5. Von den Seelen 41
6. Von Paradies und Hölle 43
7. Vom Messias 44

C. Die verderbte Sittenlehre des Talmudjuden.
1. Vom Nächsten 46
2. Vom Eigenthum 50
   a. Die Weltherrschaft 50
   b. Der Betrug 52
   c. Gefundene Sachen 54
   d. Wucherzins 55
   e. Das Leben 60
   f. Das Weib 62
3. Der Eid 68
4. Die Christen 73
5. Excommunication 79

D. Unser Jahrhundert 83
E. Endurtheil 103

Druck von Hüthel & Herrmann in Leipzig.